PLAIDOYER

DE Me DUPIN, AVOCAT,

POUR Me ISAMBERT.

PLAIDOYER

DE

Mr DUPIN, AVOCAT,

POUR Me ISAMBERT,

PRONONCÉ

DEVANT LA COUR ROYALE DE PARIS,

1re ET 5e CHAMBRES RÉUNIES,

Sous la Présidence de M. le Baron Séguier,

A L'AUDIENCE DU 13 MARS 1827,

RECUEILLI PAR LES STÉNOGRAPHES.

Heu! ubi est toties empta, toties concessa, toties scripta, toties jurata Libertas!

MATHIEU PARIS, pag. 657.

Helas! où est donc cette LIBERTÉ, tant de fois achetée, tant de fois octroyée, tant de fois écrite, tant de fois jurée!

PARIS,

CHEZ { PAUL LEDOUX, Libraire, boulevart des Italiens, No 19.
PONTHIEU, au Palais Royal.

18 MARS 1827.

IMPRIMERIE DE DONDEY-DUPRÉ,
Rue St.-Louis, N° 46, au Marais.

AVERTISSEMENT.

Pour donner à nos lecteurs une idée de la manière oratoire de Me Dupin, et de l'effet qu'a produit à l'audience le Plaidoyer dont nous publions tout ce que la sténographie en a pu conserver, nous ne croyons pouvoir mieux faire que de rapporter ici le compte qu'en a rendu l'un des plus habiles rédacteurs du *Globe*, dans le numéro du 17 mars.

PROCÈS DE Me ISAMBERT DEVANT LA COUR ROYALE.

PLAIDOIRIE DE Me DUPIN.

« A quelque chose malheur est bon, » disait M. Dupin dans sa première plaidoirie. On conteste les principes, la discussion les mettra au jour ; ils étaient oubliés, étouffés, ils vont revivre, et la société tout entière sera partie dans une cause dont, sans le courage d'un de ses membres, elle ignorerait encore le bon droit. Tel est en effet le résultat de ce procès intenté à M. Isambert. Seul, par un instinct de courage et de liberté, il a donné un conseil de résistance prudente. La police s'est irritée; elle a fait un éclat. Deux avocats célèbres ont pris la défense de leur confrère. Ils ont plaidé; et ce qu'Isambert avait écrit comme d'inspiration a été confirmé par des argumens solides et par l'histoire de notre législation. Ils ont plaidé, et à leur voix tout le barreau français s'est ému : trois cent soixante-cinq avocats ont apporté le tribut de leurs études; la législation de la police tout entière a été mise à nu, et nous savons maintenant à qui nous devons obéir et à qui résister.

Ceci doit nous servir de leçon. Quarante-deux mille lois, œuvre de gouvernemens contradictoires, abrogées, rétablies, mutilées, modifiées, nous accablent plutôt qu'elles ne nous régissent; nous respectons leur nombre plutôt que leur légalité, leur mystère plutôt que leurs injonctions. Osons les interroger, les étudier, leur demander ce qu'elles nous défendent et ce qu'elles nous permettent; et peut-être, en étudiant, en plaidant devant des magistrats intègres, et, comme nous, nouveaux à toutes les questions, arriverons-nous avec étonnement à voir que la liberté peut sortir de ce qui ne promettait qu'oppression. Si la liberté sort de ce chaos, il faudra que ses ennemis, pour l'étouffer, recourent à des ruses ou à des violences nouvelles; il leur en restera le bénéfice qu'on sait. Si, au contraire, ces lois, dont on nous fait peur sans que nous les connaissions, compriment en effet la liberté, du moins l'odieux en sera démontré : toutes les consciences se révolteront; et, dans l'un comme dans l'autre cas, la réforme ne peut tarder.

Honneur donc à Isambert ! comme l'a plusieurs fois répété M. Dupin; honneur à Isambert! et pour sa première et généreuse inspiration, et pour sa persévérance plus généreuse encore; honneur à tout le barreau, qui s'est associé à sa cause! Voilà une affaire comme il y en eut tant sous les vieux parlemens : l'ordre entier des avocats, avec la jurisprudence des tribunaux, en lutte contre l'arbitraire soutenu des traditions de police.

Certes, s'il est une cause qui convînt à Me Dupin, c'est bien celle-là : on sait quelle affection il porte à tous les souvenirs parlementaires, avec quelle vivacité d'amour-propre il ambitionne de voir se rétablir l'espèce de ligue sainte qui unissait les juges et les avocats contre l'arbitraire ministériel. Défenseur d'un de ses collègues, défenseur des arrêts des cours royales, organe de tout le barreau français, il ne représente pas mal un des anciens du vieil *ordre ;* et vraiment il en a toutes les manières, énergie française, saillies libres, pointe d'érudition, vieux texte, vieilles anecdotes, rancunes de palais, et avec cela un peu de faste religieux, et par momens une certaine emphase de soi-même, qui est encore un trait de physionomie antique. Et qu'on ne prenne pas ceci pour un reproche ; toutes ces qualités s'allient singulièrement dans Mr Dupin avec l'esprit de notre tems : il pense, il écrit en légiste du dix-neuvième siècle, et il plaide comme je me figure que plaidait Pasquier. Aussi, voulez-vous le comprendre, ne lisez pas ses discours, allez les entendre ; car rien ne lui ressemble moins que ses phrases jetées sur le papier. Je l'ai bien observé pendant qu'il parlait et pendant qu'il lisait ; car il y a çà et là des parties écrites dans ses plaidoyers : eh bien ! il lui est impossible de lire comme il a écrit ; il corrige d'inspiration ; il brusque des saillies ; il lui part des textes de droit romain auxquels il n'avait pas songé. Si par malheur il lit, comme, par exemple, l'exorde du plaidoyer de mardi, sans doute cela est bien encore ; mais il n'y a plus d'originalité ; il n'y a plus ce mélange si piquant de verve logique, de passion comprimée et d'amères épigrammes. Dans la phrase écrite, c'est la pensée ébauchée dans le cabinet ; on y voit bien qu'en l'écrivant, l'auteur compte sur l'audience pour la développer ; et c'est là seulement en effet qu'elle sort tout armée.

Lorsque nous avons rendu compte de sa plaidoirie devant les premiers juges, nous nous sommes surtout attachés à marquer le caractère logique de l'éloquence de Me Dupin. Il y en a un autre non moins saillant : c'est le comique, et un comique tout-à-fait singulier ; jamais développé, jaillissant par traits, et se mêlant avec un rare bonheur aux émotions même les plus pathétiques, aux réflexions les plus graves ; espèces de parenthèses, que l'esprit toujours présent de l'orateur jette de sang-froid à son auditoire, mais en courant. Il n'a pas le tems de s'arrêter ; son raisonnement lui dit sans cesse, *Marche, marche*, comme cette fatalité dont parle Bossuet ; mais son ame s'échappe, et s'échappe en ironies, comme toute affection profonde qui ne peut s'épancher librement. De là, des mouvemens singuliers dans l'auditoire ; des rires mêlés d'émotions passionnées ; quelque chose de semblable aux impressions du parterre quand on représente *Nicomède*. Et qu'on n'accuse pas ma comparaison, c'est une pure analogie, mais parfaite, et tout-à-fait propre à rendre ma pensée. Quiconque a entendu la plaidoirie de mardi dernier sera de mon avis ; il y a eu une foule de traits de ce genre. Ma mémoire ne m'en fournit qu'un seul, mais frappant. L'orateur, énumérant les divers costumes qui ont successivement été imposés aux agens de police par nos divers gouvernemens, était évidemment dominé par l'idée que chacun de ces costumes était comme un symbole de l'esprit de chaque gouvernement; il avait indiqué cette idée en parlant de ce *bâton blanc* du constable, qui, selon les pensées généreuses des constituans, devait partout commander la paix. Puis il avait comme oublié ce rapprochement ingénieux. Bientôt il vient à lire la législation de l'an VIII, qui prescrit un uniforme bleu à paremens écarlates, boutons blancs, avec le mot de *paix* et un *sabre* pendu à une bandoulière de peau blanche. Tout-à-coup il s'arrête : *La paix ! un sabre !* s'écrie-t-il, *c'est bien là le gouvernement d'alors !* J'essaierais vainement d'exprimer ce qu'il y avait de colère et d'ironie, de vibrant et d'étouffé dans son accent. Un effet de voix ne se rend jamais : et c'est là ce qui donne un souvenir si vif d'un grand orateur et d'un grand comédien; c'est là ce qui fait que celui qui raconte a toujours l'air d'exagérer aux yeux de celui qui n'a point vu et entendu.

Sous le rapport de la science, le plaidoyer de M. Dupin, joint à la belle discussion de Me Barthe sur la loi de *brumaire an IV*, devant les premiers juges, forme un traité complet de législation sur la police. L'analyse n'en est pas possible ici; mais nous recommandons le numéro de mercredi de la *Gazette des Tribunaux* à ceux de nos lecteurs qui voudraient savoir jusqu'où va leur droit. C'est un vrai manuel dont chacun devrait s'armer contre les prétentions de ces agens inconnus, et pour la plupart dégradés, qui peuvent bien espionner pour la police judiciaire, mais à qui la loi défend de mettre la main sur un citoyen domicilié, hors le cas de flagrant délit. Nous appelons surtout l'attention sur la partie de la défense où l'avocat a foudroyé le considérant du jugement, fondé sur une prétendue ordonnance de 1822, portée à huis-clos, ignorée de tous, aussi bien des citoyens que du ministère public, quand il a rédigé son accusation, que messieurs les gens du Roi n'ont fait valoir, ni dans leur réquisitoire, ni dans leurs plaidoiries, et dont les juges, qui la prennent comme appui de leur jugement, n'ont eu eux-mêmes qu'une communication officieuse; espèce de fragment, où quelques articles seulement sont relatés, où d'autres sont figurés par des points; expédition de commis, venue de la police, sans être signée ni légalisée par personne, comme l'a fait remarquer M. le conseiller-rapporteur. S'il est permis de présumer quelque chose de l'attitude des magistrats pendant ces trois longues heures, la cause de Me Isambert ne courrait pas de grands périls. Le ministère public lui-même semblait écouter l'avocat avec une faveur marquée.

P. D—s.

PLAIDOYER

DE

Me DUPIN, AVOCAT, POUR Me ISAMBERT.

MESSIEURS,

Un citoyen timide, sans éducation ou sans principes, condamné à 100 fr. d'amende, après une si rude accusation, eût terminé promptement sa querelle avec le pouvoir, en payant la somme imposée.

Mais Isambert a cru qu'il se devait à lui-même et à l'honneur de sa profession de ne point acquiescer à une condamnation, si légère qu'elle fût. D'abord, parce qu'elle n'en fournirait pas moins à ses ennemis (et il en a de puissans!) une arme qu'ils attendent impatiemment pour en abuser contre lui; ensuite parce que, certain de l'exactitude de sa doctrine et fort de sa conscience et de ses intentions, c'eût été se mentir à lui-même que d'accorder qu'il s'était trompé, sachant qu'il n'a rien dit que de vrai. Galilée, au fond du cachot, où il avait été plongé, pour avoir dit que la terre tourne, répétait douloureusement : *Eh! pourtant elle se meut!* En comptant 100 fr. au receveur du fisc, pour avoir réclamé contre les arrestations arbitraires, Isambert eût redit cent fois : *Eh! pourtant ces arrestations sont illégales!*

Cette cause n'était point de nature à finir par un acquiescement singulier. Elle est d'un intérêt trop général; elle est digne en tout de vous être soumise, et ne peut être résolue que par vous, par un de ces arrêts solennels dont vous savez enrichir vos registres dans les grandes occasions.

On ne peut se le dissimuler, Messieurs, c'est ici la lutte de l'arbitraire contre la loi; la vieille querelle entre la justice et la police, aujourd'hui ranimée. Que prétend celle-ci? Elle veut se faire octroyer par vous une espèce de Charte; elle vous demande d'étendre, par arrêt, des attributions qu'elle ne pourrait tenir que de la loi, si une loi osait jamais les lui confier; elle vous appelle à colorer ses excès de pouvoir, en vous priant de lui reconnaître en propre le droit qu'elle prétend s'arroger sur la liberté individuelle des citoyens domiciliés, hors le cas de flagrant délit.

Ainsi, Messieurs, en revendiquant un droit, qu'évidemment elle n'a pas, la police voudrait indirectement vous faire abdiquer un droit, que certainement vous avez : celui de protéger la liberté des personnes et les droits des citoyens. Comment, en effet, et à quel titre, vous réserveriez-vous plus tard de réprimer comme arbitraire un droit indéfini d'arrestation, quand une fois, en principe, et par un arrêt qu'on vous opposerait toujours, vous auriez consacré sa légalité?

Il faut le dire, Messieurs, les arrestations arbitraires s'étaient singulièrement multipliées dans ces derniers tems. Des réparations avaient été demandées, il n'était pas au pouvoir de la justice de les rendre efficaces; des condamnations infamantes contre des agens inconnus, dont quelques-uns, soit dit en passant, se trouvaient déjà flétris par de précédentes condamnations, étaient illusoires; condamnés à des dommages-intérêts, on les trouvait insolvables; à la prison, la police les élargissait pour les employer ailleurs, souvent avec un accroissement de gages; enfin les dépens étaient rétorqués contre les parties civiles qui avaient été contraintes de les rembourser à l'état.

Les plaintes éclataient de toutes parts : la *Gazette des Tribunaux* en avait rendu compte; ses rédacteurs furent interpellés sur les moyens de répression. Le journal avait déjà répondu de fait par l'insertion de plusieurs arrêts qui avaient consacré l'importante distinction qu'il convient toujours de faire, entre la rébellion à des mandats légaux, et la résistance à des intimations arbitraires; entre le refus, toujours coupable, d'obéir à des hommes agissant en vertu et pour l'exécution des lois, et le droit de résister à des individus agissant sans pouvoir, et contre le texte formel des lois.

Mais vous savez, Messieurs, quel est le dédale de ces mêmes lois, anciennes et nouvelles, impériales et royales, anarchiques et constitutionnelles. J'en ai fait le calcul; le nombre des actes insérés au bulletin, depuis 1789, dépasse en ce moment quarante-deux mille!... « Législation tellement disséminée (comme l'écrivait à Isambert le bâtonnier des avocats *restés* à Bordeaux), que la trace échappe à ceux-là même qui la recherchent avec cette bonne foi et cette studieuse attention dont vos propres ouvrages sont un témoignage. » Aussi ces avocats n'ont pas fait de consultation, ne sachant pas, ont-ils dit, comment fixer au juste les limites à la police administrative.

Quelqu'un, à demi-voix. — Ce sont des gascons.

Le rédacteur en chef de la *Gazette des Tribunaux* ne voulant pas s'en rapporter à ses seules lumières, crut devoir en référer à Me Isambert; il ne pouvait mieux s'adresser.

Isambert pourrait s'appeler l'*homme des textes*. Peu de jurisconsultes en ont autant lu, recueilli et publié. On lui devra, ainsi qu'à ses collaborateurs (1), la collection de toutes les lois de l'ancienne monarchie, commencée par un laborieux bénédictin, continuée par de savans académiciens, mais ralentie dans les mains d'un homme de cour, trop surchargé de hautes fonctions pour que son habileté, que personne ne conteste, puisse suffire à ce qu'un tel travail exige de retraite et d'assiduité.

Isambert est doué d'ailleurs d'une ame ardente et généreuse, toujours ouverte aux impressions soudaines de la pitié...... non cette pitié stérile qui vous renvoie séchement à Dieu pour vous bénir ou vous sauver, mais cette pitié active qui fait sa propre cause de l'infortune d'autrui.

La demande d'un article sur les arrestations arbitraires, le trouva encore ému de ces défenses, trop récentes pour avoir besoin d'être énumérées, et qui lui ont acquis tant d'honneur, mais aussi tant d'inimitiés!....

(1) Au nombre desquels on comptait M. Jourdan, de la Nièvre, compatriote, élève et ami de M. Dupin. Ce jeune et savant jurisconsulte est mort à la fleur de l'âge, consumé par de longs et utiles travaux.

L'article, rédigé à la hâte, fut transmis à la *Gazette des Tribunaux*. S'il n'eût pas été signé de son auteur, il eût passé peut-être, inaperçu. Mais il portait le nom d'Isambert. C'en fut assez pour qu'il fût déféré aux tribunaux par la police. Une lettre signée *Franchet*, jointe au dossier, et imprimée avec la procédure, atteste que l'envoi de l'article fut fait au parquet par M. le directeur général de la police. D'un autre côté, M. le préfet de police déclarait avec dépit que, si de tels principes venaient à prévaloir, il lui devenait impossible de *gouverner Paris*.

Isambert fut donc accusé ; et il le fut avec peu de ménagement.

On lui imputait 1° d'avoir provoqué directement à la résistance aux agens de la force publique et de la police administrative agissant pour l'exécution des lois, des ordres, ou ordonnances de l'autorité publique ; 2° d'avoir provoqué directement à la désobéissance aux lois qui donnent à la force publique, ainsi qu'aux agens du préfet de police de Paris, le droit de rechercher les délits et d'en livrer les auteurs aux Tribunaux ; provocations que d'ailleurs on veut bien reconnaître être restées sans effet.

Cette accusation est appuyée d'une foule de textes, parmi lesquels on ne remarque toutefois ni la loi du 23 floréal an IV, ni la prétendue ordonnance qu'on date du 25 février 1822.

Délits graves, s'ils existaient ; mais délits assurément fort loin de la pensée de l'auteur et des journaux qui ont publié sa consultation.

Analysons d'abord l'article incriminé, et fixons-nous bien sur les propositions qu'il contient.

L'article est intitulé : *Des arrestations arbitraires*, ce qui annonce déjà qu'il ne conteste pas les *arrestations légales*.

Et en effet, l'auteur ne conteste ni les arrestations qui ont lieu par ordre du magistrat, ni celles qui sont ordonnées par M. le procureur du Roi et ses auxiliaires légaux, dans le cas de flagrant délit, tel qu'il est défini par le Code.

Il ne conteste même à personne le droit de concourir, dans ce cas, à l'arrestation.

Mais il soutient restrictivement que les gendarmes isolés, et les agens de la police administrative, même ceux qui *se disent officiers de paix*, n'ont pas le droit d'ordonner, de leur chef, l'arrestation d'un citoyen *domicilié;* (et pour qu'on ne s'y méprenne pas, il souligne ce mot.)

L'auteur émet, en conséquence, l'opinion que toute arrestation ordonnée par un agent sans caractère, ou par un agent ayant caractère, mais *agissant hors des limites de sa compétence légale*, est une arrestation arbitraire, et que les citoyens ne sont pas tenus de déférer à l'*ordre* qui leur est intimé de cette manière.

Examinant ensuite le caractère et les limites de la résistance, il distingue, à cet égard, entre les agens porteurs d'un caractère légal extérieur, tels que les gendarmes, et les agens sans caractère.

Quant aux premiers, il n'admet qu'une résistance purement *passive*, c'est-à-dire que le citoyen qu'on veut ainsi arrêter « a » droit de refuser de marcher, et d'appeler les citoyens *pour » constater* les actes de violence dont il serait l'objet. Il avertit » même les citoyens qu'ils doivent s'abstenir de toute expression » injurieuse contre les agens de la force publique. Il les invite » *à offrir leur nom et leur adresse.* »

A l'égard des agens sans caractère légal extérieur, comme les simples agens de police, il pense « que la résistance pour- » rait être offensive ; c'est-à-dire que la personne arrêtée pour- » rait user de la défense personnelle, et repousser la violence » par la violence. »

Tel est le système de l'article incriminé.

Dès la première plaidoirie, on a bien vu que tout l'ordre judiciaire était désintéressé dans le débat; et l'accusation elle-même s'est concentrée de bonne grâce sur les gendarmes et les agens de police, dits *officiers de paix*, le ministère public ayant abandonné l'accusation dans tout ce qui concernait les autres agens.

Ainsi deux chefs d'accusation : 1° Isambert a-t-il provoqué

à la désobéissance aux lois en disant que de simples gendarmes, agissant isolément, n'ont pas le droit d'ordonner de leur chef l'arrestation d'un citoyen domicilié, non coupable de flagrant délit; et qu'on peut en ce cas opposer une résistance passive? 2° A-t-il provoqué à la rébellion en disant qu'on pourrait opposer la résistance active et la défense personnelle aux agens de police, lors même qu'ils se diraient *officiers de paix*, s'ils agissaient de leur chef contre un domicilié non coupable de flagrant délit, parce que ces agens n'ont aucun caractère légal?

Maintenant voyons ce que comporte le jugement et quelles en seraient les conséquences. Le jugement se place à côté de l'article incriminé, car il dit d'abord, à l'égard de la gendarmerie, d'une manière générale, que la gendarmerie a droit d'arrêter pour les crimes et délits. Telle n'est pas la question; elle a le droit d'arrêter pour les crimes et délits spécifiés par la loi, et dans ces cas se trouve le flagrant délit. Mais Isambert n'a pas dit que les gendarmes ne peuvent arrêter personne; et pour le réfuter, il faut au moins se placer dans sa thèse.

Quant aux agens de police, le jugement les revêt d'un caractère légal; il leur suppose un costume, il leur suppose un serment; et c'est après avoir créé aux officiers de paix une existence qu'ils n'ont pas d'après nos lois, que les premiers juges considèrent comme une provocation à la désobéissance aux lois, le conseil de ne pas obéir aux gendarmes; et comme un acte de rébellion, de résister aux agens de police.

Il en résulte pour les simples gendarmes et pour les officiers de paix, le pouvoir indéfini et absolu d'ordonner de leur chef l'arrestation des citoyens, et l'obligation pour ceux-ci, quoique domiciliés et non coupables de flagrant délit, de se rendre provisoirement en prison. Tel est ce jugement dont l'une des consultations produites (celle de Me Chauveau-Lagarde) provoque l'infirmation, par ce motif « qu'en attribuant aux officiers » de paix de la police de Paris, et aux simples gendarmes, » *dans les cas déterminés par Me Isambert*, le droit d'arrestation » que la loi leur refuse, il viole ouvertement ces lois, et *con-*

« *sacré*, par cela même, au profit de ces agens, *le droit épou-* » *vantable des arrestations arbitraires !* »

Isambert a dû appeler de ce jugement, par respect pour lui-même et pour la vérité.

J'ai examiné de nouveau cette affaire avec une grande attention, j'ai revu toutes les lois, et j'ai sur le mal-jugé de la sentence, une conviction logique qui se trouve portée au plus haut degré. J'espère, Messieurs, vous la faire partager.

Je me propose d'analyser devant vous la législation sur la gendarmerie et les officiers de paix. Mais, auparavant, permettez-moi quelques mots sur le droit d'arrestation, en général, tel qu'il est autorisé par nos lois et pratiqué par les magistrats.

Un des organes les plus distingués du parquet de la cour, M. Bayeux, portant la parole comme avocat-général dans l'affaire de l'agent de police Caffin, prévenu *d'arrestation arbitraire*, disait avec la plus haute raison :

« Le bien le plus précieux pour l'homme est sans doute la » liberté ; et le plus grand sacrifice qu'il ait pu faire en se cons- » tituant en société, est d'avoir donné aux magistrats le droit » d'en disposer ; mais il n'a voulu abandonner cette faculté » qu'au seul magistrat investi de sa confiance, dans les cas » prévus, et dans les formes commandées par la loi. »

C'est aussi ce qu'a voulu exprimer l'auteur de la Charte, lorsqu'il a dit dans son article 4 : « La liberté individuelle des » Français est garantie, personne ne pouvant être poursuivi » ni arrêté que dans les cas prévus par la loi et dans la forme » qu'elle prescrit. »

Vérité simple, mais incontestable ; conforme aux plus saines doctrines anciennes et modernes, et vraie, je pense, chez tous les peuples civilisés ; car il en est où les cas d'arrestation peuvent être plus multipliés, les formes plus expéditives ; mais je ne crois pas qu'il y ait, en Europe, une seule nation civilisée, chez laquelle il ne soit vrai de dire, que le citoyen ne peut y être arrêté et poursuivi que dans les cas voulus par la loi, et selon la forme qu'elle prescrit.

Ouvrons donc notre Code criminel, et voyons les précautions dont la loi s'est entourée, même à l'égard des magistrats ; une fois fixés sur la règle, nous serons mieux en état de bien apprécier les exceptions.

Magistrats, à vous seuls appartient la plénitude de juridiction sur les citoyens. La justice du Roi tout entière réside dans vos mains ; en vous délaissant même le droit de mort, il ne s'est réservé que le droit de vie, s'approchant ainsi de la Divinité (1).

Vous pouvez ordonner l'arrestation d'un citoyen, mais seulement dans les cas prévus par la loi, c'est-à-dire, s'il est prévenu d'un fait qu'elle a qualifié crime ou délit ; vous êtes assujettis à des formes ; vous pouvez décerner trois sortes de mandats, en précisant les faits, en visant la loi que vous y appliquez ; vous devez y apposer votre signature. En cas d'inobservation des formes prescrites, il peut y avoir nullité ; la loi prononce des amendes, qui à la vérité sont payées par vos greffiers ; mais vous-mêmes, vous risquez des injonctions, et quelquefois la prise à partie.

L'exécution des mandats d'amener, de dépôt ou d'arrêt, n'est pas confiée au premier-venu, à des agens de police sans caractère et sans responsabilité. Elle ne peut être confiée qu'à vos huissiers ou à un agent de la force publique (Code d'inst. art. 97) (2). Tout mandat doit être exhibé au prévenu avant d'être mis à exécution ; on doit lui en laisser copie ; on doit l'interpeller s'il veut y obéir ; en cas de simple refus, il n'est pas réputé rebelle, seulement il doit être contraint.

Enfin, d'après l'art. 609 du Code d'instruction criminelle : « Nul gardien ne peut, à peine d'être poursuivi et puni comme » coupable de détention arbitraire, recevoir ni retenir aucune » personne qu'en vertu soit d'un mandat de dépôt, soit d'un » mandat d'arrêt décerné selon les formes prescrites par la loi,

---

(1) C'est aussi la pensée de l'orateur romain, lorsqu'il dit : *Nullâ re propius homines accedunt ad Deos quàm salutem hominibus dando.*

(2) La force publique se compose de trois élémens : 1° la garde nationale, 2° l'armée, 3° la gendarmerie.

» soit d'un arrêt de renvoi devant une cour d'assises ou une » cour spéciale, d'un décret d'accusation ou d'un arrêt ou juge- » ment de condamnation à peine afflictive, ou à un emprison- » nement, et sans que la transcription en ait été faite sur son » registre. »

Voilà la règle, telle qu'elle est tracée par nos lois secondaires, d'accord en cela avec le texte de la Charte et de nos précédentes constitutions, dont quelques articles sont même rappelés dans l'art. 615 du Code d'instruction.

Si MM. les procureurs du Roi ont aussi le droit de commencer une instruction et d'ordonner des arrestations, ce n'est que par exception. On voit même par la discussion du Code d'instruction, que les rédacteurs se faisaient scrupule de leur accorder ce droit, dans la crainte que l'amour-propre ne sût pas se défaire plus tard des préventions conçues dans l'ardeur d'une première poursuite.

Les scrupules exprimés alors par M. de Cambacérès font le plus grand honneur à son caractère et recommandent sa mémoire à l'estime publique. Ce chancelier a laissé beaucoup à faire à ceux qui voudront le surpasser en gravité, en doctrine, en modération. Il obtint du moins que ce pouvoir exceptionnel, confié aux procureurs impériaux, n'aurait lieu que dans les seuls cas de flagrant délit, ayant bien soin, pour prévenir tout arbitraire, de définir ainsi le délit qui se commet ou qui vient de se commettre (art. 41), et de le restreindre encore aux crimes et délits emportant peine afflictive ou infamante (art. 32), afin que la moindre peccadille ne devînt pas un prétexte d'arrestation immédiate.

Hors ce cas ainsi restreint et défini, le procureur du Roi ne peut plus que requérir le juge d'instruction, et celui-ci seul a le droit d'ordonner.

Voilà, Messieurs, toutes les précautions dont la loi a voulu entourer l'exercice du redoutable droit d'arrestation, même en le confiant aux magistrats, malgré la triple garantie qu'elle trouvait dans leur caractère, leur instruction et leur moralité.

Et c'est pour la force seule qu'on réclame un droit indéfini refusé à l'intelligence! C'est pour la police qu'on revendique un droit que la loi n'accorde pas même à la justice! La police, ah! pour elle, point de barrière, point de limite, point de frein, point d'art. 4 de la Charte, point de liberté garantie par les formes; elle veut, et cela doit suffire :

Sic volo, sic jubeo, sit pro ratione voluntas.

La gendarmerie a remplacé l'ancienne maréchaussée, en 1791. Lors de la réformation de la législation criminelle, ses officiers, mais ses officiers seuls, ont été constitués officiers de la police, dite de *sûreté* (on nommait ainsi la police *judiciaire*), concurremment avec les juges de paix. (L'avocat lit la loi du 29 septembre 1791, un passage de l'instruction du 21 octobre suivant, et le Code de brumaire an IV, qui renferme une semblable disposition.)

La loi de germinal an VI contient organisation de la gendarmerie; mais par cette loi, comme par les précédentes, les officiers seuls restent officiers de police judiciaire. Si l'art. 125 énumère trente cas divers, où la gendarmerie pourra faire des arrestations, d'une part ces fonctions ne sont confiées qu'à la gendarmerie, c'est-à-dire aux brigades, comme l'ont exprimé textuellement les réglemens postérieurs; d'autre part, tous ces cas, en les examinant l'un après l'autre, rentrent tous dans le flagrant délit; ce ne sont que recommandations contre les déserteurs, malfaiteurs, condamnés, repris de justice, vagabonds, gens sans aveu; et l'on a la douleur de voir figurer, dans une si triste nomenclature, *l'ordre de saisir les émigrés rentrés et prêtres déportés*, trop funeste indice de l'époque où fut portée cette loi qu'on invoque aujourd'hui! (Vive sensation.)

Du reste, telle qu'elle est, il ne faut pas en induire qu'elle permet à tout gendarme d'arrêter, *pro lubitu*, tout citoyen. Loin de là, elle a un titre entier consacré aux *moyens d'assurer la liberté des citoyens contre les détentions illégales et autres actes arbitraires :* et sur ce point elle est tellement satisfaisante que je veux vous en lire deux articles seulement : ce sont les art. 165 et 169, ainsi conçus.

Art. 165. « Tout officier, sous-officier ou gendarme qui don-
» nera, signera, exécutera, ou fera exécuter l'ordre d'arrêter
» un individu, ou qui l'arrêtera effectivement, *si ce n'est en*
» *flagrant délit, ou dans les cas prévus par les lois, pour le re-*
» *mettre sur-le-champ à l'officier de police*, sera poursuivi cri-
» minellement et puni comme *coupable du crime* de détention
» arbitraire. »

Art. 169. « *Hors le cas de flagrant délit*, déterminé par les
» lois, la gendarmerie nationale ne pourra arrêter aucun in-
» dividu, si ce n'est en vertu d'un mandat d'amener ou d'arrêt,
» décerné selon les formes prescrites par les art. 222 et 223
» de la constitution, soit d'une ordonnance de prise de corps,
» d'un décret d'accusation, ou d'un jugement de condamnation,
» à la prison ou à la détention correctionnelle. »

Ainsi, d'après cette loi, un gendarme, même isolé, pouvait bien arrêter, en cas de flagrant délit, ou exécuter un mandat de justice; mais hors delà, toute arrestation opérée par lui eût été réputée arbitraire, et punie comme telle; le grade même n'eût pas excusé l'officier.

Avoir nié aux gendarmes de l'an VI, marchant isolément, le droit d'ordonner de leur chef l'arrestation d'un citoyen non coupable de flagrant délit, ce n'est donc pas avoir conseillé *la désobéissance à la loi* de l'an VI, c'est au contraire l'avoir sainement entendue et en avoir recommandé l'exacte observation.

Ainsi, en l'an XII, lors de la discussion du projet de ce Code, le prince archichancelier avait raison de dire : « Les
» citoyens ne sont pas, comme on le suppose, *à la disposition*
» *de la gendarmerie*, et c'est parce que je ne veux pas qu'ils
» soient à celle du procureur-impérial, que je demande qu'on
» fasse entre les délits les distinctions que leur nature comporte.»

D'après ce Code, art. 9, il n'y a que les officiers de gendarmerie qui soient officiers de police judiciaire; à ce titre, auxiliaires de M. le procureur du Roi, et comme lui, restreints au cas de flagrant délit.

Quant aux simples gendarmes, ils peuvent être employés à notifier et exécuter les mandats (art. 97); mais ils ne peuvent pas, de leur chef, ordonner d'arrestation, si ce n'est en cas de flagrant délit; alors ce droit leur appartient, par la grande raison qu'étant accordé à tous par l'art. 106, il n'est refusé à personne.

L'accusation a invoqué l'ordonnance royale du 29 octobre 1820, portant réglement pour la gendarmerie, rendue, notre conseil d'état *non entendu*, et rédigée par les seuls jurisconsultes du bureau de la guerre (on rit), ce qui, à côté de beaucoup de capacité, explique aussi quelques négligences.

Cette ordonnance a dérogé à l'organisation de l'an VI, dans tous les points où le Code d'instruction y avait dérogé, surtout pour le flagrant délit, beaucoup plus restreint par les art. 32 et 41 de ce Code, qu'il ne l'était par toutes les lois antérieures.

Mais il faut bien le dire haut et ferme, cette ordonnance n'a pas pu déroger au Code. C'est une des vérités les plus certaines de notre gouvernement constitutionnel.

Au surplus, M. de Corbière, incontestablement le plus fort jurisconsulte du ministère (rire général), a proclamé lui-même ce principe à la tribune de la chambre des députés, en termes trop précieux pour n'avoir pas mérité d'être recueillis et proclamés en toute occasion.

A la séance du 22 février 1827, dans la discussion du projet de loi *contre* la presse, ce ministre, voulant rassurer l'assemblée sur la crainte manifestée qu'on n'aggravât par ordonnance la rigueur de la loi, s'exprimait ainsi : « On vient de dire que » l'article par lui-même est assez insignifiant, mais qu'une » ordonnance *fera autre chose*, et que c'est là que se trouve le » danger. Je répondrai qu'une ordonnance qui ferait *le contraire de la loi* serait un *acte coupable*, et que présenter une » telle supposition, c'est nous accuser de vouloir faire *ce que* » *nous n'avons pas le droit de faire*. (Dont acte, dit l'avocat.) » Il est donc bien facile de rassurer sur cela complétement » l'orateur ; car enfin cette ordonnance que l'on craint tant » *ne serait pas appliquée par les Tribunaux*, QUI NE DOIVENT » CONNAITRE QUE LA LOI, et ce serait une mesure tout-à- » fait illusoire »

Mais j'ajoute qu'en effet l'ordonnance de 1820 n'a pas voulu déroger au Code ; elle s'est au contraire efforcée de se mettre en harmonie avec lui ; et elle en rappelle souvent la teneur par des citations.

Cependant, il faut l'avouer, on a cru remarquer quelques dispositions qui ont paru difficiles à concilier. Et à ce sujet, voici ce que rapporte, comme en ayant personnellement connaissance, l'un des jurisconsultes consultés par Isambert : j'entends parler de M. de Vauzelles, ancien procureur du Roi à Tours, qui dans sa consultation distribuée à Messieurs, s'exprime en ces termes :

« *Le soussigné a personnellement connaissance* que lors de la » publication de cette ordonnance, il a été adressé plusieurs » réclamations des divers parquets du ressort de Paris à M. le » procureur-général, sur les antinomies qu'elle présente, et » sur son inconciliabilité avec le Code d'instruction criminelle. » Il fut répondu que ces réclamations avaient déjà été sou- » mises à son excellence le ministre de la guerre, et qu'on » attendait une *solution*. Le soussigné ne craint pas d'être de- » menti sur ce point ; et, au besoin, il invoquerait les souve- » nirs de M. Vatisménil, alors avocat-général près la Cour » royale de Paris. »

Si la solution n'a pas encore été rapportée, reste le principe qu'en cas de conflit le Code doit prévaloir sur l'ordonnance.

Mais rassurons-nous, ils sont d'accord sur les points essentiels.

Dans l'ordonnance (section 5), comme dans le Code (article 9), les officiers seuls exercent la police judiciaire ; leur droit à cet égard est limité au cas de flagrant délit ; leur compétence ne s'étend pas au-delà (art. 155), et pour qu'ils ne s'y méprennent pas, le flagrant délit est défini avec le plus grand soin dans les art. 156 et 157, parfaitement en harmonie avec le Code d'instruction criminelle. (L'avocat lit les articles.)

Quant aux simples gendarmes, ils peuvent bien être requis pour exécuter les mandats et ordonnances de justice ; ils peuvent bien aussi arrêter en cas de flagrant délit ; mais hors de là, ils ne peuvent pas ordonner de leur chef des arrestations. L'art. 297 est trop précis à cet égard pour que je néglige de vous en rappeler la disposition : « *Hors le cas de flagrant délit,* » déterminé par les lois, la gendarmerie ne peut arrêter au- » cun individu, si ce n'est en vertu d'un ordre ou d'un mandat » délivré par l'autorité compétente. Tout officier, sous-officier » ou *gendarme* qui, en contravention à cette disposition, donne, » signe, exécute ou fait exécuter l'ordre d'arrêter un individu, » ou l'arrête effectivement, est poursuivi judiciairement, et » puni comme coupable de détention arbitraire. »

Ainsi le gendarme n'est pas un automate, il doit réfléchir à ses risques et périls, et son serment en fait foi ; car il jure..... « dans l'exercice de ses fonctions, de ne faire usage de la force » qui lui est confiée que pour le maintien de l'ordre et l'exé- » cution des lois. » Il peut même être destitué pour *incapacité.*

On m'a objecté en première instance, et l'on répétera sans doute, devant vous, que l'art. 179 de l'ordonnance de 1820, correspondant à l'art. 125 de la loi de l'an VI, exprime un certain nombre de cas où la gendarmerie peut procéder à des arrestations.—Je réponds que ces cas rentrent tous dans le flagrant délit ; l'art. 299 de l'ordonnance le dit assez nettement. Mais l'observation la plus décisive est que ce droit n'est pas confié aux gendarmes isolés, mais seulement *aux brigades.* La rubrique qui précède l'art. 179 l'indique en ces termes : « *Du service ordinaire des brigades.* » L'art. 179 lui-même commence par ces mots : « Les fonctions habituelles et ordinaires » des *brigades* de la gendarmerie, sont... (suit le détail). Enfin l'art. 180 dit : « Ces diverses fonctions sont habituellement exercées par les *brigades* de la gendarmerie, sans qu'il soit besoin d'aucune réquisition des officiers de police judiciaire, ni d'aucun ordre spécial. »

Eh! pourquoi l'ordonnance ne se confie-t-elle qu'aux brigades? Il y en a une bonne raison. Les hommes isolés peuvent s'abandonner à des excès répréhensibles ; réunis, ils s'observent et offrent plus de garantie. C'est ainsi que dans la discussion du Code d'instruction criminelle, page 143, l'archichancelier, expliquant pourquoi, lorsqu'il s'agit de pénétrer dans un domicile, le procureur-impérial ne peut pas s'y présenter seul, dit : « que le juge est obligé de s'y transporter, assisté » de son greffier et du procureur-impérial; il s'y trouve alors » *trois officiers*, et la garantie des citoyens en devient plus » forte. »

D'ailleurs, cette disposition n'a rien de bien rigoureux pour la gendarmerie : *tres faciunt capitulum*, dit l'ancien adage : deux gendarmes suffisent pour mériter le nom de brigade. (Arrêt de cassation du 14 janvier 1826.) C'est le pluriel au petit pied. (Rire général.)

Hors ces cas, le gendarme isolé ne peut agir *proprio marte*, mais il lui faut une réquisition (art. 97), tandis qu'aux termes de la sentence dont est appel, tout gendarme, sans distinction aucune, a le droit indéfini d'ordonner de son chef une arrestation sur les domiciliés; c'est-à-dire, qu'il aurait un droit plus étendu que l'officier même exerçant la police judiciaire, et qui, à ce titre, est restreint, comme le procureur du Roi lui-même, au cas de flagrant délit.

Isambert, au contraire, a soigneusement distingué; et, laissant au Code et à l'ordonnance tout leur effet dans ce qu'ils prescrivent pour les officiers et les brigades, ce n'est qu'au gendarme soldat, au gendarme isolé, disputant contre un homme non constitué en flagrant délit, et cet homme, d'ailleurs, étant domicilié et déclinant son nom et son adresse, qu'il a contesté le droit indéfini d'ordonner de son chef une arrestation, parce que, dans ce cas ainsi précisé, elle ne pourrait pas, aux termes de l'article 297 précité, être ordonnée, même par un officier!

Mais enfin, et c'est ce qui aurait dû tout-à-fait désarmer l'accusation, que conseille donc Isambert, même dans l'hypothèse dans laquelle il s'est placé? Conseille-t-il au citoyen, menacé d'une arrestation injuste de la part du gendarme, de le battre, de le blesser, d'exercer des violences, même de lui faire la grimace? (On rit.) Nullement; en effet le gendarme a de la *spéciosité*. Il porte un uniforme qui aide à le reconnaître, ce qui prescrit à son égard plus de ménagement. Isambert se borne donc à conseiller la résistance passive, et c'est là provoquer *à la désobéissance aux lois !*

Ici, Messieurs, permettez qu'entre toutes les consultations données à Me Isambert, je vous cite celle qu'a signée ce matin mon confrère Hennequin, et qui vient de m'être remise à l'instant. Dans cette consultation, aussi remarquable par l'élégance du style que par la justesse des idées, l'honorable jurisconsulte s'explique en ces termes :

« . . . . Toute subtilité de loi pénale est odieuse et doit » être proscrite. La désobéissance aux lois *suppose la reconnais-* » *sance de la loi* à laquelle on veut désobéir ; un doute sur » l'existence de la loi n'est pas la volonté de l'enfreindre, si » son existence était démontrée : dire qu'il faut résister aux » agens de police, parce qu'ils n'ont pas de compétence, ce » n'est pas provoquer à leur désobéir dans l'hypothèse où la » compétence serait écrite dans les lois. Le doute est antipa- » thique avec la rébellion. Le rebelle ne méconnaît pas la loi ; » mais il ne la reconnaît que pour la fouler aux pieds. Résis- » tez, ils n'ont pas de droit ; car s'ils en avaient, il faudrait » obéir. »

(De bruyans colloques et des coups de marteau se font entendre au-dessus de la salle d'audience.)

M. le premier président : Huissier, faites taire ces maçons, qui parlent plus haut que l'avocat.

Me Dupin : C'est la puissance du fait sur le droit. (On rit.)

L'orateur reprend en ces termes :

Mais la résistance passive, qu'est-ce autre chose que l'obéissance? Sans doute, je ne vous aiderai pas ; je ne marcherai pas de bon cœur et de bonne grâce ; je vous laisserai faire, je me croiserai les bras, je m'envelopperai dans mon manteau ; je me mets assis, emmenez-moi comme forcé-contraint. Voilà la résistance passive.

Pour qu'un tel acte ou un tel conseil renfermât le crime de désobéissance aux lois, il faudrait une loi qui le dît, et je défie qu'on me la montre.

Loin de là, les lois supposent cette résistance passive, et nous allons voir qu'elles n'en infèrent pas le crime de rébellion. Ainsi la loi (instruction du 21 octobre 1791), dit que « le por- » teur de mandat *demandera d'abord au prévenu s'il entend y* » *obéir*, et dans le cas où le prévenu *consentira* à se mettre en » devoir d'obéir, le porteur n'aura qu'à l'accompagner et le » protéger jusqu'à ce qu'ils se soient rendus devant l'officier de » police. Ceux qui *refuseraient d'obéir* à l'évocation contenue » dans le mandat d'amener, devraient être *contraints par la* » *force à y obtempérer.* »

Et le Code d'instruction criminelle (art. 99) reproduit la précédente, en disant : « Le prévenu qui refusera d'obéir au » mandat d'amener, ou qui, après avoir déclaré qu'il est prêt à » obéir, tentera de s'évader, devra être contraint. »

Voilà toute la peine, et l'article n'ajoute pas, et aucune autre loi ne dit, qu'en ce cas on sera coupable de rébellion.

En effet, que voyons-nous arriver tous les jours, quand un huissier se présente pour saisir les meubles ou la personne d'un débiteur, en vertu de vos propres arrêts? Le débiteur proteste de nullité ; il s'écrie qu'il n'exécutera ou ne laissera exécuter que *comme forcé-contraint !* et l'huissier lui en donne acte. Il n'y a donc pas rébellion de la part du client qui agit ainsi, pas plus que de la part de l'avocat qui conseille ou de l'avoué qui écrit la protestation.

Or, Isambert n'a pas conseillé autre chose. Point de violence, point d'injure ; mais donnez votre nom, votre adresse ; interpellez les citoyens présens, adjurez-les comme témoins, rendez plainte, c'est-à-dire, recourez à la justice ; et c'est là provoquer à la désobéissance aux lois ! Quelle dérision !

Mais je veux forcer la démonstration et conduire l'accusation dans son dernier retranchement. Je suppose donc que dans le cas donné d'une arrestation exécutée par un gendarme agissant sans mandat légal, on ait employé la résistance active. Certes, on m'accordera que le conseil a encore moins de force que le fait. Eh bien! en pareil cas, une foule d'arrêts de Cours royales ont déclaré que la résistance avait été légitime, qu'il n'y avait pas rébellion, parce que le gendarme, loin d'agir pour l'exécution des lois, avait agi contre la disposition expresse des lois qui protégent la liberté des citoyens. (L'avocat cite notamment des arrêts rendus par les Cours de Lyon, Nîmes, Riom, Rouen, Toulouse, etc., et surtout de Limoge, rapportés dans la *Gazette des Tribunaux* ou cités dans les consultations.)

A Toulouse, ce sont des gendarmes qui, cherchant un conscrit, se permettent de pénétrer dans son domicile. Le père, la mère, les sœurs, toute la famille se jeta sur la gendarmerie, et celle-ci se conduisit si dignement dans la mêlée que le brigadier fut nommé maréchal-des-logis. Récompense administrative, que ne sanctionna pas la Cour royale de Toulouse.

Autre fait remarquable. Le baron de Pontalba revenait à sa campagne dans sa voiture. Des dames s'y trouvaient avec lui. Un gendarme crut qu'elle renfermait de la contrebande (on rit); il se permet de la suivre à la piste; il arrive jusqu'à la grille du château; il veut même pénétrer dans la cour. Le portier, en domestique intelligent, s'élance à la bride du cheval et veut arrêter le gendarme. Mais celui-ci articule quelques mots, au nom de la loi sans doute, ou au nom du Roi! et le portier intimidé le laisse passer. Que fait alors M. de Pontalba? il ordonne de fermer la porte, fait ainsi le gendarme prisonnier (on rit), et envoie quérir le maire. Grande plainte de la part du gendarme. Il prétend qu'on l'a insulté, qu'on l'a traité d'ivrogne; il verbalise. Jugement du tribunal de Beauvais qui renvoie M. Pontalba de la plainte.

Ainsi, lors même qu'Isambert aurait dit que la résistance active était permise contre les gendarmes agissant *illégalement*, il serait encore à l'abri de tout reproche. Conçoit-on, en effet, le crime d'un jurisconsulte qui aurait parlé comme les tribunaux ont jugé? Mais, je ne puis trop insister sur ce point, Isambert n'a pas même été jusque-là.

Disons donc que, sur ce premier chef de l'accusation, Isambert doit être pleinement acquitté, 1° parce qu'il n'a rien dit du pouvoir de la gendarmerie qui ne soit parfaitement d'accord avec toutes les lois; 2° parce que, loin d'excéder les bornes, en conseillant la résistance passive contre une arrestation arbitraire, il est resté en deçà de la jurisprudence qui, en pareille occurrence, a déclaré légitime la résistance, même active.

Quant aux soi-disant officiers de paix, Isambert a, il est vrai, émis l'opinion qu'on pouvait leur opposer, même une résistance active; mais il l'a dit sans exciter à la rébellion; il l'a dit, en leur déniant tout caractère légal, étant conduit par la logique à penser que cette institution n'existe pas avec les attributions qu'on prétend lui donner. Ici reviennent les raisonnemens, déjà présentés, de la consultation de Me Hennequin.

Le jugement, au contraire, a considéré « que par une ordonnance du 25 février 1822, le Roi a conféré cette nomination au ministre de l'intérieur; que les officiers de paix sont nommés conformément à cette ordonnance royale; qu'aucune disposition de loi, décret, arrêté ou ordonnance, ne les assujettit au serment; que cependant, de fait, les officiers de paix prêtent serment, ainsi qu'il résulte des procès-verbaux de prestation de serment que s'est fait représenter le tribunal; qu'ils ont d'ailleurs pour insignes le bâton blanc, qu'ils doivent porter, aux termes des lois précitées, et qu'ils y ajoutent un large ruban blanc fleurdelisé, qu'ils placent sous l'habit. »

Et il en a conclu « que les officiers de paix, tels qu'ils sont aujourd'hui, sont donc légalement constitués, et que leurs droits sont consacrés par les lois précitées des 29 septembre 1791 et 23 floréal an IV. »

Telle est la question de droit, résolue en sens opposé par Isambert et par les premiers juges, qu'il faut présentement examiner.

Puisqu'on veut nous reporter aux lois de 1791, il convient au moins de le faire avec l'esprit qui a présidé à leur rédaction. Il faut le dire, cette législation a eu pour base un grand respect pour la liberté et pour les autres droits publics des citoyens. L'article 7 de cette constitution en fait foi. Je le rappellerai d'autant plus volontiers qu'il a eu l'honneur d'être inséré dans

la Charte. Il est ainsi conçu : « Nul homme ne peut être ac-
» cusé, arrêté, ni détenu, que dans les cas déterminés par la
» loi, et selon les formes qu'elle a prescrites. Ceux qui solli-
» citent, expédient, exécutent, ou font exécuter des ordres ar-
» bitraires, doivent être punis ; mais tout citoyen appelé, ou
» saisi, en vertu de la loi, doit obéir à l'instant : il se rend
» coupable par la résistance. »

Dans l'esprit de cette législation générale, soumission à la loi, sans nul doute; mais aussi, résistance à l'arbitraire, sans nulle hésitation.

Et ici entendons-nous bien ; je ne parle pas du texte fameux, que la résistance à l'oppression est le devoir du peuple ; l'accusation en abuserait contre moi. Mais je parle de la tuition de sa propre personne, de la position isolée du citoyen, se plaçant sous l'empire de la loi, et invoquant sa garantie contre l'arbitraire.

Telle est la loi fondamentale de 1791, cette loi domine toutes les autres lois de la même époque ; car alors on se piquait de les mettre d'accord.

Vous le savez, Messieurs, notre législation criminelle a éprouvé bien des modifications. Elle admettait le jury chez nos premiers aïeux ; quelques formes empruntées à la procédure romaine s'y joignirent plus tard. En 1539, elles cédèrent devant les formes inquisitoriales qu'y substitua le chancelier Poyet. Lui-même en fut victime. Accusé à son tour, et accusé devant ces mêmes juges auxquels il avait dicté la condamnation de l'amiral Chabot, *leur demandant un service et non pas un arrêt*, il se plaignait de sa propre loi et en accusait les vices ; mais le juge-instructeur lui répondit d'une voix sévère par ces mots que l'histoire a conservés : *Patere legem quam ipse tuleris :* Souffre la loi que toi-même as faite. Dumoulin, rappelant l'ordonnance criminelle de Poyet, s'écrie : *Vide duritiam nequissimam impudentissimi illius Pogeti !* Et ailleurs il l'appelle : *Bipedum nequissimus !* (Marques générales de la plus vive sensation.) Grand exemple, dit l'orateur, de la sévérité avec laquelle la postérité traite ceux qui ont sacrifié à leur ambition du moment les droits de leurs contemporains, et les plus chers intérêts de l'humanité! (Nouveau mouvement.)

Sous Louis XIV, on publia l'ordonnance de 1670 ; mais alors encore on vit la dureté du ministre Pussort, luttant contre le parlement et contre la douce vertu du premier président de Lamoignon, ce Fénélon de la jurisprudence. Des formes barbares furent maintenues, peu de garanties offertes aux accusés.

De grandes améliorations eurent lieu sous le règne de Louis XVI. On dit toujours, en parlant de lui, le roi-martyr, comme un moyen d'entretenir de douloureux souvenirs. Disons plutôt roi législateur, roi bon et ami de son peuple , dont il eût fondé les libertés, s'il n'eût été contrarié par des volontés étrangères qui se sont jetées au-devant de la sienne. Ce monarque abolit la torture, et défendit de condamner avec la formule trop vague, *pour les cas résultant du procès*, et cette formule cruelle, *véhémentement soupçonné*, qui n'est restée en usage que dans les colonies. Isambert le sait bien. (Tous les regards se portent sur Me Isambert.)

L'institution des jurés venait d'être rétablie. Le Roi la recommande vivement aux Français comme l'une des plus fortes garanties de leur liberté : « Français, leur dit-il, vous plaindriez-vous des dérangemens passagers qu'elles vous coûteront » quelquefois? Non; la liberté, vous le savez, n'est pas un bien » que l'on puisse acquérir sans combat ni conserver sans sacrifice. Il vous convient de prouver à l'Europe, par un zèle ardent à remplir les devoirs que vous impose l'honorable titre » de citoyen, que vous êtes dignes de le porter. Vos ennemis » ont trop remarqué votre peu d'empressement à exercer, dans » les assemblées primaires et électorales, le plus important des » droits politiques du citoyen dans un gouvernement représentatif. Français, bannissez donc cette funeste indifférence, ou, » avec une constitution libre, vous ne ferez pas des hommes » libres, et avec de bonnes lois, vous ne jouirez qu'imparfaitement des biens que de bonnes lois assurent. » Ainsi, Messieurs, Me Isambert parlait le langage royal, lorsqu'il disait dans sa consultation : « Pour être libres, il suffit de le vouloir. » (Très-vive sensation.)

La même loi, qui venait de rétablir les jurés, celle du 29 septembre 1791, établit des officiers de police de sûreté. Cette police de sûreté n'était autre que la police judiciaire : elle fut confiée aux juges de paix et aux seuls officiers de gendarmerie. Le même jour, par une autre loi et en dehors de la précédente, on institua des commissaires de police pour veiller à la tranquillité publique, dresser des procès-verbaux, etc.

Le même jour encore, on institua spécialement pour Paris vingt-quatre officiers de paix, avec la mission : « De veiller à » la tranquillité publique, de se porter dans les endroits où elle » sera troublée, d'arrêter les délinquans, et de les conduire » devant le juge de paix. » Ils devaient être nommés par les officiers municipaux. La loi leur avait donné un costume. On avait fait à Paris de merveilleux récits sur le bâton blanc des constables anglais, sorte de talisman devant lequel se dissipaient les attroupemens séditieux, comme les combats des abeilles, *pulveris exigui jactu.* On crut les imiter, comme nous imitons quelquefois, en prenant les apparences pour le fond des choses. « Ils porteront, dit le législateur de 1791, pour marque dis- » tinctive, un *bâton blanc* à la main; ils diront à celui qu'ils » arrêteront : *Je vous ordonne au nom de la loi, de me suivre de-* » *vant le juge de paix.* »

Dans ce système, les officiers de paix n'ont jamais été officiers de la police judiciaire; mais seulement de simples auxiliaires de la police administrative; ayant droit d'arrestation seulement dans le cas de flagrant délit, comme l'indiquent les mots *tranquillité troublée* et *délinquans* de la loi précitée. Si l'on pouvait en douter un instant, ce doute cesserait bien vite devant l'instruction donnée pour l'exécution de la loi du 29 septembre, et sanctionnée le 21 octobre suivant. On y lit : « Dans le cas de » flagrant délit, tout dépositaire de la force publique, et même » tout citoyen, doit, pour l'intérêt de la société, s'employer » lui-même à saisir le délinquant; car tous les bons citoyens » doivent concourir à empêcher qu'un délit ne se commette,

» et remettre entre les mains des ministres de la loi *les délin-» quans qu'ils ont surpris troublant l'ordre public.* »

Du reste, comme on l'a vu, l'institution de ces officiers de paix offrait toutes les garanties désirables, soit sous le rapport du mode de domination ou de révocation, soit en raison des costumes et surtout du serment qu'ils prêtaient en public, conformément aux lois du tems, et particulièrement des décrets des 8 juin et 15 avril 1792, que je vous lirai plus tard.

La loi du 19 vendémiaire an IV supprima les officiers de paix. Le code du 3 brumaire an IV ne les mentionne pas; mais ce code rappelle qu'il existe deux polices, dont il définit les attributions; la police administrative, qui se borne à prévenir les délits; et la police judiciaire (c'est l'ancienne police de sûreté de 1791), qui les recherche, et en livre les auteurs aux tribunaux.

Une loi du 23 floréal an IV a, il est vrai, rétabli les officiers de paix : mais il importe de voir en quels termes; et comme cette loi forme la base de l'accusation, je vous demande la permission de vous en rapporter le texte entier.

« Art. 1er. L'art. 10 de la loi du 19 vendémiaire dernier, en ce » qui concerne la suppression des officiers de paix, est rapporté.

» 2. Les vingt-quatre officiers de *police* créés à Paris, sous » le nom d'officiers de paix, sont rétablis avec les fonctions » ci-après.

» 3. Ils seront chargés de veiller à la tranquillité publique, » de se porter dans les endroits où elle sera troublée, d'arrêter » les délinquans, et de les traduire devant le juge de paix.

» 4. Ils seront nommés par le département de la Seine, sur » la présentation qui en sera faite sur une liste triple, par le » bureau central.

» 5. *Ils porteront* pour *marque distinctive* un bâton blanc, sur » lequel seront gravés ces mots : *force à la loi;* et sur la pomme » sera peinte la Surveillance sous la forme d'un œil. Ils diront » à celui qu'ils arrêteront : Je vous ordonne, au nom de la loi, » de me suivre devant *le juge de paix*.

» 6. Les citoyens seront tenus de leur prêter assistance à leur

» réquisition; les refusans seront condamnés à trois mois d'em-
» prisonnement.

» 7. Ils pourront être destitués par délibération du bureau
» central approuvée par le département.

» 8. Le traitement annuel des officiers de paix sera le même
» que celui des commissaires de police.

» 9. Les dispositions de la loi du 21-29 septembre 1791 con-
» traires à celle ci-dessus, sont *rapportées.* »

Ainsi, les officiers de paix sont rétablis, non pas purement et simplement, mais *avec les fonctions ci-après*; ils n'en auront pas d'autres.

La loi les appelle officiers *de police*, sans ajouter *judiciaire*, quoique le mot fût créé et défini par le code de brumaire an IV.

L'article qui les charge d'arrêter les délinquans qui troubleraient la tranquillité publique, a le même sens que dans la loi de 1791, et se borne à réprimer le flagrant délit.

Les marques distinctives sont maintenues et reçoivent même des perfectionnemens, des emblêmes de police, *œil et surveillance.*

Enfin, ce qui est bien remarquable, les autres dispositions de la première loi du 21-29 septembre 1791 sont *rapportées*, et par conséquent le droit de retenir les personnes, arrêtées de nuit, jusqu'au chant du coq. (1). (On rit.)

En brumaire an VIII, le gouvernement change et devient quasi monarchique. L'art. 41 de la nouvelle constitution avait mis tous les emplois à la nomination du premier consul : il n'avait garde de négliger la police. Dès le 19 nivôse an VIII, un arrêté dit que les officiers de paix seront nommés par le premier consul, sur la présentation du ministre de la police, alors devenue générale, et bientôt un autre arrêté paraît dans le bulletin des lois, sous la date du 8 germinal an VIII, et porte

(1) La loi de 1791 donnait ce droit aux officiers de paix; mais elle a été abrogée en ce point par celle du 23 floréal an 4. Cependant, par le fait, la police se croit toujours en droit de faire passer la nuit au corps de garde à ceux qu'il lui plaît d'arrêter, comme on l'a vu dans l'affaire de l'agent de police Caffin, accusé d'arrestation arbitraire.

à la connaissance du public les noms des officiers qui viennent d'être nommés. Depuis cette époque, on les voit figurer dans l'almanach des fonctionnaires publics.

Au fond l'institution reste en tout point la même.

L'arrêté du 12 messidor an VIII n'y a point apporté de changemens. Cet arrêté ne crée pas les officiers de paix, ils existaient; il n'en défère pas la nomination au préfet de police; seulement il les met sous ses ordres pour les requérir et les employer, et ils sont encore réduits au droit d'agir contre les gens surpris en *flagrant délit* (art. 39), ou contre les personnes *prévenues* (art. 38), c'est-à-dire « les personnes qui sont dans » les liens d'un mandat de dépôt ou d'arrêt. » A cette époque les officiers de paix étaient compétens pour les notifier.

En 1808 on promulgue le nouveau Code d'instruction criminelle. Dès l'an XII on avait commencé à le discuter. A cette époque l'ordre judiciaire s'était fortifié; les tribunaux d'appel étaient devenus cours impériales et avaient remplacé les petits tribunaux dont on pouvait dire, comme des généraux qui avaient remplacé M. de Turenne, que c'était la *monnaie des parlemens*.

La discussion de ce Code est remarquable. Certes on ne reprochera pas à ses rédacteurs d'avoir négligé les intérêts du pouvoir; on leur a même imputé de l'avoir trop bien servi; toutefois la liberté eut aussi ses organes. Les deux polices définies dans le Code de l'an IV étaient rappelées dans le nouveau projet; mais après une discussion forte de la part de l'archichancelier et de M. Siméon, la police administrative fut expulsée du Code. (Me Dupin lit un passage fort curieux de cette discussion. Il rappelle ensuite les dispositions du Code tel qu'il fut arrêté.)

L'art. 8 définit la police judiciaire; elle seule recherche les crimes et en livre les auteurs aux tribunaux. Elle est exercée par diverses classes de fonctionnaires, mais *sous l'autorité des Cours royales*, mais encore *suivant les distinctions* établies par le Code et qui ne sont pas les mêmes pour tous les fonctionnaires qu'il désigne. Parmi ces fonctionnaires figurent les commissaires de police. Mais là s'arrête la nomenclature. Les officiers de paix n'y sont pas rappelés. Ils demeurent dont relégués dans la police administrative, dont les rédacteurs ont purgé la nouvelle loi; et ce n'est pas par oubli, mais sciemment, mais à dessein, puisque cette police se trouvait d'abord dans le projet.

Dans l'art. 11 il est bien parlé du préfet de police comme pouvant exercer la police judiciaire; mais cette exception est purement *personnelle* : l'article est précis à cet égard; et s'il peut agir lui-même, il ne lui est pas permis de députer toute espèce d'agent; il peut seulement requérir les officiers *de police judiciaire*, parce qu'eux seuls ont la confiance de la justice et de la loi.

Ainsi (laissant de côté la police administrative et politique), il est certain au moins que, pour la police judiciaire, on est revenu à l'ancien principe, qui la plaçait dans la main de justice, par cette raison décisive que j'emprunte à M. Ferrand, dont personne ici, je pense, ne récusera l'autorité : « parce qu'il » faut que la police soit toujours juste; et parce qu'il importe » à la tranquillité de l'état, que l'opinion publique ne sépare ja- » mais ces deux idées de police et de justice. (1) »

A côté de cela, placez la sentence des premiers juges et voyez la différence. Ils attribuent aux officiers de paix, simples agens de police administrative, plus de droit que le Code n'en accorde aux officiers de police judiciaire, aux procureurs du Roi. Ceux-ci en effet ne peuvent ordonner d'arrestation que dans les cas de flagrant délit, tandis que le jugement accorde aux officiers de paix le droit d'ordonner des arrestations de leur chef, sans limitation de cas, ni d'espèce. En vertu de cette sentence, ces agens auraient plus de droit que leur général, que M. le préfet de police, qui n'a, d'après l'art. 11, que le simple caractère d'officier de police judiciaire. Suivant cet article, le préfet ne peut, ni les requérir, ni les déléguer; et ils pourraient, de leur chef, se mettre en œuvre et arrêter qui bon leur semblerait, quand bon leur semblerait !

---

(1) M. Ferrand, *Esprit de l'Histoire*, t. 3, p. 47.

Voilà où conduit l'ardeur de fortifier sans mesure l'autorité : elle n'est forte que par la loi ; on l'affaiblit par l'arbitraire.

Certes l'extension de pouvoir qu'on réclame, n'a pas manqué aux gouvernemens de l'an IV et de l'an VI, de l'an VIII et de l'an XII ; ils sont auteurs des lois qu'on veut exhumer de leurs tombes ! Elles ne les ont pas empêchés de tomber (1), et n'empêcheraient pas de choir ceux qui tenteraient de les employer encore !

Qu'espère-t-on donc en marchant obstinément sur leurs pas, en rappelant des lois abrogées, en donnant à la police (triste reliquat de nos discordes civiles) un pouvoir et des droits que n'ont pas les magistrats? C'est le cas de répéter douloureusement : Nous avons hérité, plus que nous ne pensons, de la révolution.

On craint toujours que les citoyens ne soient pas assez contenus ! Eh ! quel danger, je vous prie, quand chacun, plein d'une confiance empruntée à nos lois, à notre forme de gouvernement, à la loyauté de nos princes, dira : Je suis un homme libre ; la liberté de ma personne est garantie par la loi ; je ne puis être arrêté que dans les cas qu'elle a prévus (j'aurai soin de ne m'y pas mettre), et dans les formes qu'elle prescrit, et si on les violait à mon égard, je saurais bien me faire respecter.

Chaque sujet y gagnerait en dignité, et le pouvoir lui-même en puissance ; car il vaut mieux commander à des hommes libres qu'à des esclaves, et, du moins *en France*, les choses répondraient au nom, comme le disait un de nos rois du quatorzième siècle (2).

Songez-y, cette distinction entre l'arbitraire et la légalité, qu'on voudrait interdire aux citoyens, est la base même de l'ordre social et des gouvernemens. Voyez avec quel empresse-

---

(1) C'est ainsi qu'en 1814, au nombre des motifs donnés par le sénat, prononçant la destitution de l'Empereur, se trouve le reproche d'avoir soumis à l'arbitraire de sa police la liberté de la presse, *établie et consacrée comme un des droits de la nation.*

(2) Louis-le-Hutin, qui voulait que, dans le royaume *des Francs*, tout le monde fût *franc*, afin, disait il, que la chose répondît au mot.

ment ces gouvernemens la réclament dans les jours de danger! Mais si l'on veut confondre ce qui est légal et illégal, légitime et illégitime, si l'on veut que je tremble à la seule vue d'un uniforme, et que j'obéisse aveuglément à celui qui le porte; que demain les soldats d'un usurpateur se présentent, qu'ils m'ordonnent de les suivre, pourrai-je leur résister? (Vive sensation.)

Isambert a maintenu les vrais principes et les lois de son pays, en déniant aux officiers de paix tout caractère légal, et en leur contestant le pouvoir exorbitant que les premiers juges leur ont alloué. En cela, on ne peut pas dire qu'il a excité à la désobéissance aux lois, puisqu'il n'a raisonné que dans l'hypothèse, où de fait il n'existe pas de lois qui leur aient conféré ce pouvoir.

A cela les premiers juges ont répondu par l'allégation d'une ordonnance visée dans leur jugement, et qui aurait, suivant eux, rétabli les officiers de paix dans toutes leurs attributions de 1791 et de l'an IV, comme un chiffre employé pour rendre la vie à des zéros.

A ce sujet j'examinerai les quatre questions suivantes: 1° Cette ordonnance existe-t-elle? 2° Est-elle obligatoire pour les citoyens et les Tribunaux? 3° Le fût-elle, en résulterait-il qu'il se serait trompé? 4° Il se serait trompé, s'ensuivrait-il qu'il fût coupable?

Et d'abord l'ordonnance citée par sa date existe-t-elle réellement? Y a-t-il une ordonnance royale du 25 février 1822? Le seul indice de son existence est une demi-feuille de papier jointe au dossier; on lit en tête: *Préfecture de police, Paris, le* (et la date en blanc), *certifié conforme* (et point de signature), comme vous l'a fait remarquer M. le conseiller-rapporteur. (Sensation et surprise très-marquées.)

Cette copie informe n'est autre chose qu'un chiffon de papier; elle ne peut vous satisfaire; et à ce sujet, pour donner un point d'appui à vos scrupules, je vous raconterai le trait suivant emprunté à l'histoire de vos prédécesseurs.

« L'université de Paris ayant dénoncé au Parlement, en 1644, » la doctrine d'un père Ayrauld, les jésuites, dit M. Talon, » ont *appréhendé la justice du Parlement;* et, bien qu'il soit établi pour rendre la justice aux sujets du roi également, que » les ecclésiastiques et tous les religieux du royaume subissent » sa juridiction, *les jésuites ont cherché grâce et faveur à la Cour;* » ils ont mieux aimé être jugés dans le *cabinet* de la reine, que » dans *la Grand'chambre* du Parlement. La reine manda les » présidens et les gens du Roi pour leur apprendre que l'affaire » avait été terminée par un arrêt de son conseil, et Mr le chancelier voulut que les gens du Roi en rendissent compte au » Parlement. Je demandai à Mr le chancelier (poursuit » Mr Talon), qu'il lui plût nous *donner l'arrêt du Conseil* pour » le voir et le porter a la compagnie. M. le chancelier nous » dit qu'il en avait envoyé la *copie* à M. le procureur-général, » et que cela *suffisait*. J'insistai, au contraire, m'imaginant » qu'une copie n'était pas suffisante; que *l'original ne serait pas* » *trop bon;* qu'il était sans exemple de persuader au Parlement » qu'une affaire fût terminée par un arrêt du Conseil, duquel » nous ne ferions voir que la copie. Enfin, après plusieurs discours, M. le chancelier dit qu'il n'était pas difficile d'avoir » en grosse l'arrêt du Conseil, qu'il le ferait expédier par M. le » comte de Brienne, secrétaire d'état, et ensuite il dit qu'il en » parlerait à Mgr le duc d'Orléans..... ; de sorte qu'il est vrai » de dire que, lorsqu'il nous parlait, il n'y avait point encore » d'arrêt d'expédié; et que si nous eussions suivi ses ordres, » nous eussions porté au Parlement *la copie d'un arrêt qui n'existait pas.* » (Mémoires de Talon, tom. III, pag. 262 et 264).

Ici l'auteur ajoute : « Il suffit que ces sortes de supercheries » aient été pratiquées quelquefois, pour qu'il soit toujours utile » de se prémunir contre la possibilité de les voir se reproduire.» (Mouvement prolongé.)

Je dis aussi, dans notre espèce, que l'original même ne serait pas trop bon (on rit); ou tout au moins une expédition en bonne forme, sauf à y appliquer les raisonnemens qui vont suivre.

Mais ce n'est pas tout, Messieurs, cette copie informe qui

vous est représentée n'est pas même entière ; elle n'est sous vos yeux que *par extrait* ; on vous donne l'art. 2, et les art. 1 et 3 sont en lignes ponctuées. Et voilà le fragment sur lequel on a motivé une condamnation, en contravention à cette règle de bon sens donnée par les lois elles-mêmes, comme base de leur saine interprétation : *Incivile est, nisi totâ lege perspectâ unâ aliquâ particulâ ejus propositâ, judicare vel respondere.*

Cette ordonnance, fût-elle produite en entier, je me demande encore si elle peut être obligatoire ?

Il est une maxime d'équité et de raison, c'est qu'aucune loi n'oblige, qu'autant qu'elle a été promulguée, les hommes ne pouvant être coupables d'ignorer que ce qu'ils ont été mis à portée de savoir. En matière pénale surtout, et quand on veut s'autoriser d'un texte pour motiver une condamnation, il faut avertir avant que de frapper : *moneat priusquam feriat*, dit le Montesquieu anglais. Dites-moi à qui je dois obéir, avant de me déclarer rebelle si je n'obéis pas. Dites-le-moi nettement, à peine d'encourir le reproche de tyrannie et de cruauté.

Cette ordonnance n'est nulle part, Messieurs; on ne la trouve ni dans le vaste bulletin des lois, ni dans les collections de MM. Mars et Garnier du Bourgneuf, ni dans Isambert, qui s'est attaché autant qu'il a pu à recueillir et à publier même les ordonnances *inédites*, sous le titre de *Supplément au Bulletin des lois*, dans les appendices de sa collection ; ce qui, à la présomption de droit, joint la présomption de fait qu'il ne l'a pas connue.

J'affirme d'ailleurs que l'accusation elle-même ignorait complètement cette ordonnance. Si elle l'eût connue, elle n'eût pas manqué de la rappeler avec toutes celles qu'elle a invoquées à son secours. En première instance, M. l'avocat du Roi n'en a pas dit un mot. Mon confrère Barthe, dont le talent m'a si puissamment assisté en 1re instance, a plaidé l'abrogation de la loi de floréal an IV. « Vos officiers de paix, disait-il, je les cherche » en vain, je ne les vois nulle part... Ce sont des faits incontes- » tables, ajoutait-il, des faits résultant du simple rapprochement » des lois ; ou je m'abuse étrangement, ou le ministère public » n'y répondra pas. » Et de fait le ministère public n'a pas répliqué un seul mot à cette pressante invitation de la défense.

Mais la police y a répondu pendant le délibéré; elle a exhumé cette prétendue ordonnance; elle l'a glissée sur le tapis de la chambre du conseil; car la justice n'est certainement point allée la trouver. Mais cela ne suffisait pas, elle aurait dû la repousser et lui défendre les approches du huis-clos. En effet, suffit-il donc que le juge apprenne un fait d'une manière quelconque? N'est-il pas de maxime certaine, au contraire, qu'il ne doit tenir pour connu que ce qui est porté à sa connaissance selon les règles de la justice? *Non sufficit ut judex sciat, sed oportet ut ordine juris sciat.* Recevoir une pièce grave, une pièce dont on se servira pour motiver la condamnation, et n'en point donner communication à l'accusé! ah! Messieurs, c'est déjà un procédé intolérable en matière civile; mais en matière pénale, il est cruel; un tel exemple est sans précédent, et, je l'espère, il n'aura pas d'imitateurs. (Vive sensation.)

Enfin, supposons que l'ordonnance en question ait été insérée au *Bulletin des Lois;* que dit-elle? que porte votre fragment? « Les officiers de paix attachés à la préfecture seront » réorganisés suivant les besoins du service, et nommés par le » ministre de l'intérieur. » Et c'est de là que les premiers juges ont inféré que ces officiers de paix sont rétablis avec toutes les attributions de 1791 et de l'an IV!

Cette conséquence est forcée en fait et en droit. En fait, l'ordonnance ne rétablit que des agens de police, elle leur en donne le nom; et même elle ajoute : attachés à la préfecture de police, pour qu'on ne s'y méprenne point. En droit, ils n'ont rien de la police judiciaire. Ils ne sont plus nommés par le chef de l'état; donc ils ne sont plus fontionnaires publics : ils seront nommés par le ministre de l'intérieur, ce sont de simples employés, des agens. Avec la garantie de la nomination royale, tout le reste disparaît; ainsi les officiers ne sont plus limités à vingt-quatre; leur nombre est illimité et n'aura de bornes que pour les besoins du service; ainsi l'on en pourra créer cinquante, cent, deux cents, tant qu'on voudra, sans permanence, par occasion, pour une fête, un sacre, une cérémonie, pour vingt-quatre heures; le matin institués, et leurs fonctions cessant avec les illuminations. Aussi ces agens éphémères ne sont plus connus du public ; leur nomination à présent, comme depuis long-tems, n'est plus insérée au *Bulletin ;* exclus de l'almanach depuis le Code de 1810, ils n'y ont pas été rétablis ; personne n'a vu leur costume, n'a entendu leur serment ; et s'ils se nomment encore officiers de paix, on peut dire d'eux comme de certaines magistratures dont les noms avaient survécu à leurs attributions, et dont Tacite a dit : *Eadem magistratuum vocabula, nihil prisci atque integri moris superesse.*

Que dirait-on, si, par une ordonnance, le Roi remettait à son garde des sceaux le droit de nommer des juges ? Verrions-nous encore en eux des magistrats ? Non, Messieurs. Si nous considérons en vous les représentans du Roi, si, par la plus noble des fictions, nous croyons voir la majesté royale reposer sur vos siéges, c'est parce que la justice que vous exercez émane du Roi, et vous vient directement de lui, comme le rayon part du soleil pour venir frapper les objets qu'il éclaire.

Oui, je le répète, nommés par un ministre, nous ne verrions plus en vous nos juges naturels ; nous n'y verrions que de dangereux commissaires.

En ce qui touche le costume, le jugement est réellement incroyable : « Ils ont d'ailleurs pour insignes, y est-il dit, le
» bâton blanc qu'ils doivent porter aux termes des lois précitées ;
» et ils y ajoutent un large ruban blanc fleurdelisé, qu'ils placent
» sous l'habit. »

Observons d'abord que le costume des fonctionnaires n'est pas de fantaisie : il est légal ; c'est une marque distinctive à laquelle on n'est tenu de les reconnaître que parce qu'elle est décrite par la loi (1). La loi de 1791 disait impérativement : *ils porteront,* et le jugement traduit l'obligation par ces mots : *qu'ils doivent porter,* indiquant assez qu'ils ne le portent pas en effet, à moins que ce ne soit un bâton de poche.

Mais il y a mieux, Messieurs, car plus on cherche et plus on

(2) Le costume n'est pas chose indifférente, il vaut le respect extérieur à celui là même qui en serait d'ailleurs indigne. Voyez les *Pensées de Pascal,* 1re partie, art. 12.

En pareil cas. ... c'est encore la robe qu'on salue. (LA FONTAINE.)

trouve de lois. Vous le savez, tous les costumes ont changé en l'an VIII. (On rit.) Celui des officiers de paix a aussi changé par suite d'un arrêté du 19 messidor an VIII, lequel est ainsi conçu :

« Art. 1er. Le costume des officiers de paix est réglé pour » l'avenir de la manière suivante :

» Habit bleu, collet et paremens écarlates ; gilet, culotte » ou pantalon rouges (on rit) ;

» Un galon d'argent au collet et au parement seulement, de » la largeur de deux centimètres ;

» Chapeau uni à la française, avec ganse d'argent pareille » au galon du collet et du parement, sans autre ornement ; » bouton blanc uni, portant ces mots : *La paix ;* un *sabre* sus- » pendu par une bandoulière de peau blanche.

» Art. 2. Le ministre de la police est charge de l'exécution » du présent arrêté, qui sera inséré au Bulletin des lois. »

Ainsi ce n'est même plus le bâton de 1791 *qu'ils doivent porter*, puisqu'il est remplacé par le sabre de l'an VIII. Le *sabre* et la *paix !* signes caractéristiques du gouvernement d'alors ! (Vive sensation.) Et la culotte rouge, très-remarquable sans doute ! Je le demande, qui les a jamais rencontrés, qui les a vus en cet état ? (On rit.)

Ah ! mais ils y ajoutent (de leur chef, apparemment) un large ruban fleurdelisé qu'ils placent *sous l'habit*.

Ce ruban, s'il leur était légalement attribué, serait plus convenable sans doute que le sabre de paix ; mais un ruban sous l'habit ! Et ce sera là un costume ! Ainsi le vêtement le plus intime pourra passer pour un costume, et au lieu de porter, comme le veut la loi, des *marques distinctives*, c'est-à-dire extérieures, un ornement secret mystérieusement placé sous l'habit, près la chair, en tiendra lieu ; le scapulaire sera un costume ! (Rire général.)

Ce n'est point ainsi que la loi l'entend ; et j'en ai pour garans les arrêts qui ont jugé notamment que des gendarmes, qui s'étaient *déguisés* pour favoriser une expédition, avaient pu être méconnus impunément, et que la résistance avec violence, qu'ils avaient rencontrée sous ce déguisement, ne pouvait être qualifiée rébellion; c'est l'homme en rédingote qu'on avait frappé, ce n'était pas le gendarme. (On rit.)

Quant au serment, c'est une affaire plus grave. L'histoire des sermens, Messieurs, serait longue à décrire parmi nous. On en a tant abusé!... Serment de mourir sur les marches du trône, tenu à distance plus que respectueuse; serment de mourir pour la république, remis au premier consul, déposé aux pieds d'un empereur, rapporté à la légitimité, incertain au 20 mars, et toujours fidèle!.... Il en est résulté une incroyable facilité à tout promettre et à tout jurer :

Atque ideo intrepidi quæcumque altaria tangunt.

Nos ancêtres se faisaient une plus sainte idée du serment. J'en atteste, dit l'orateur, d'une voix solennelle, j'en atteste ce vieux tableau du Christ, qui était dans la grand'chambre du parlement en 1595 et en 1762, comme lors de vos arrêts de 1825 sur la tendance, et d'août 1826 sur la pétition Montlosier (Impression profonde). J'en atteste Pothier, ce vieux jurisconsulte du for intérieur. « Le serment, dit-il, est un acte religieux par » lequel une personne déclare qu'elle se soumet à la punition » de Dieu, ou qu'elle renonce à sa miséricorde, si elle manque » à ce qu'elle a promis. »

Parmi les consultations qui vous sont soumises, lisez particulièrement celle de Me Crémieux, de cet éloquent avocat de Nîmes, qui, dans une cause récente où il s'est personnifié au procès sur une question de serment où l'honneur du succès est venu couronner de généreux efforts, sut si bien allier le sentiment national au sentiment religieux.

Le serment des fonctionnaires publics n'est pas moins solennel. Écoutons ce qu'en a dit le célèbre Loyseau : « Le serment » que prêtent les officiers à leur réception, *est veri sacramentum,* » *id est religiosa observatio quæ arcanis quibusdam ceremoniis* » *peragitur.* Aussi, est-ce en ce serment que gît la principale » cérémonie de la réception; et c'est ce serment qui attribue et » accomplit en l'officier, l'ordre, le grade, et, s'il faut ainsi » parler, le caractère de son office, et qui lui défère la puis- » sance publique. »

Vous le voyez donc, ces formules ne sont pas arbitraires, elles exigent solennité, et sont réglées par la loi.

Eh ! cependant que vient nous dire le jugement? Qu'aucune disposition de loi ni d'ordonnance n'assujétît les officiers de paix au serment ! Grande preuve, à mon avis, qu'ils ne sont pas fonctionnaires publics ; car tout fonctionnaire public doit prêter serment, aux termes des lois des 5 août 1792 et 21 nivôse an VIII.

Les simples gendarmes le prêtent. Jadis ils le prêtaient en armes avec la baïonnette au bout du fusil. Depuis quelque tems, on leur fait déposer leurs armes en faisceau à la porte de vos audiences pour leur apprendre que tout doit céder devant le droit, et que la force doit s'incliner devant la justice. (Mouvement d'approbation).

Tout fonctionnaire doit cette garantie au public. Aussi voyons-nous les simples commis de barrière, et même les débitans de tabac, venir tous les samedis prêter au tribunal de première instance le serment d'être fidèles à la Charte ; à la vérité on leur fait aussi jurer de ne pas vendre d'autre tabac que celui qui leur sera confié par la Régie. (Rire général et prolongé.)

Les commissaires de police, auxquels les officiers de paix ont été long-tems assimilés, ont été assujétis au serment par les décrets des 8 juin 1792 et 22 juin 1811. Suivant ce dernier décret, le serment des commissaires généraux devait être enregistré au greffe des cours impériales, et celui des commissaires spéciaux au greffe du tribunal de première instance de leur résidence, afin que la justice connût ceux qui devaient exercer la police judiciaire sous son autorité.

Ces sermens n'avaient rien d'occulte ; ils se prêtaient au grand jour. Le décret du 15 août 1792 en fait foi. « .... Ce serment, y » est-il dit, sera prêté par tous les fonctionnaires, en présence » des municipalités. Les jours où ces sermens devront être » prêtés, seront indiqués *par affiches* vingt-quatre heures d'a- » vance, afin que *le public puisse y être présent.* »

Eh bien ! que trouvons-nous ici ? L'allégation que le serment non exigé par la loi, le serment bénévole des officiers de paix, est prêté à la police. Un serment bénévole, un serment de fantaisie, devant une police aujourd'hui si dévote, et qui voudrait se faire passer pour sainte (1). Mais, où est même la preuve qu'un tel serment est réellement prêté? Ses registres, dit-on, en font foi ; mais que signifient ces registres, si le serment n'a rien de légal au fond? Je voudrais d'ailleurs voir ces registres, que les premiers juges disent avoir vus ; ces registres, qu'on ne nous a jamais communiqués, qui n'ont point été déposés au greffe, où on ne les a pas vus, et dont M. le rapporteur n'a pu faire mention. — Je n'ai jamais vu, je voudrais voir le serment des agens de police, la promesse sans doute d'espionner, en leur ame et conscience, de rapporter tout fidèlement, en tout bien tout honneur. (On rit.)

Partout on veut mettre le fait à la place du droit ; emprunter aux lois anciennes ce qui plaît, ce qui convient au pouvoir, ce qui le flatte et le satisfait. On ne répudie, comme incompatible avec l'ordre de choses actuel, que ce qui serait favorable à la liberté.

» Enfin, Messieurs, j'ai, sur la prétendue ordonnance de 1822, un dernier moyen. C'est le quatrième ; car sur chaque chef les moyens abondent pour détruire l'accusation. J'en avais trois sur la gendarmerie ; ici j'en ai quatre ; j'ai quatre fois raison, et si le ministère public me forçait au quatrième échelon, je remonterais au troisième ou aux deux premiers. Mais laissez-moi m'attacher à celui-ci ; car je crois en ce moment tenir l'accusation dans les liens les plus serrés. Je suppose l'ordonnance existante et dûment promulguée, et je me demande en quel sens elle aurait ressuscité les officiers de paix? Ce ne sera pas ceux de 1791, ils ont été supprimés par la loi du 19 vendémiaire an IV ; et la loi de floréal an IV, par son art. 6, a maintenu l'abrogation de la loi de 1791.

Sera-ce au moins les officiers de paix de l'an IV? Peu m'importera si vous entendez sainement la loi de floréal ; si vous l'entendez en ce sens que ces officiers sont hors de la police judiciaire, et qu'ils n'ont droit d'arrestation que dans le

---

(1) En Espagne on dit *la sainte inquisition.*

cas de flagrant délit. Mais je vous nierai qu'ils soient rétablis avec un pouvoir plus étendu ; car alors il serait vrai de dire que l'ordonnance de 1822 aurait dérogé au Code d'instruction criminelle ; et ici viendraient s'appliquer contre elle tous les argumens que j'ai proposés, aidé de M. de Corbière, contre l'ordonnance de la gendarmerie.

Que ces agens se bornent donc à leurs fonctions de police purement administrative, sans action sur les personnes ni sur les propriétés, contens d'explorer la voie publique, de surveiller, écouter, rapporter, et respectant d'ailleurs la personne de tout citoyen domicilié non coupable de flagrant délit.

Autrement, ils agissent sans droit, sans qualité, ils commettent un acte arbitraire, un vrai délit, un crime, un attentat contre la liberté individuelle ; c'est eux que le public devra arrêter comme se rendant coupables de flagrant délit, en capturant ceux qu'ils doivent laisser en repos.

Je demande, en effet, où serait en ce cas la rébellion ? L'article 209, cité par l'accusation, suppose comme circonstance caractéristique de ce délit, que celui à qui on resiste agit pour l'exécution des lois, et non pas qu'il agit en contravention : il suppose en outre qu'on provoque à la rébellion, non par un raisonnement général, bien ou mal déduit, sur des lois qu'on soutient ne pas exister ; mais par la provocation directe à une action déterminée. Et ici je m'aiderai encore des puissantes paroles de mon confrère Hennequin : « La loi de 1819 suppose, » dit-il, que les écrits ont trait a un crime ou délit spécial et » déterminé : la provocation, dans une circonstance donnée, le » discours de Catilina à ses complices, les écrits odieux qui » préparèrent le 10 août : mais il est permis de croire que des » doctrines générales sur la compétence des officiers employés » par l'autorité publique, ne constituent pas la provocation » dont s'occupent les articles 1, 2 et 3. Au surplus, il faut que » l'action provoquée soit un crime ou un délit ; or, qui pourrait » dire que ce soit un crime ou un délit que de ne pas reconnaître le droit d'opérer des arrestations, dans la personne » des officiers de paix et des gendarmes agissant isolément ? »

Aussi, lorsque cette loi de 1819 était en discussion, il

fut bien expliqué qu'il faudrait avoir provoqué à la désobéissance aux lois, et non pas à tout acte quelconque de prétendus agens du pouvoir, qui agiraient contre les lois. Rappelons ici la discussion.

Le projet présenté aux chambres ne contenait aucune disposition relative au délit de provocation à la désobéissance aux lois.

Un député, M. Jacquinot de Pampelune, qui est présent ici par M. l'avocat général, voulant réparer cette omission, proposa l'amendement suivant : « La provocation à la désobéis-» sance aux lois, ou *autres actes de l'autorité publique*, etc., » sera punie..... »

Mais M. le garde des sceaux, le garde des sceaux de 1819 (on rit), répondant à M. Jacquinot de Pampelune, s'opposa fortement à la dernière partie de l'amendement, relative aux *actes de l'autorité publique, autres que les lois*. « Si les actes de » l'autorité, dit-il, sont faits en exécution des lois, désobéir, » résister à ces actes, c'est désobéir aux lois mêmes. Mais si » ces actes n'étaient point une exécution des lois, si même ils » étaient contraires aux lois, *et les agens de l'autorité sont telle-* » *ment nombreux que la supposition n'est point impossible*, dans » ce cas, *faut-il prescrire l'obéissance?* La prescrire *sous des* » *peines?* »

» La chambre partagea l'avis de l'orateur du gouvernement; et en adoptant la première partie de l'amendement, relative aux *lois*, elle rejeta la seconde partie, relative aux *autres actes de l'autorité publique.*

Déjà la doctrine des auteurs s'était expliquée dans le même sens; plusieurs ont même été plus loin. Ainsi, M. Merlin, portant la parole *comme procureur-général*, devant les chambres assemblées de la Cour de cassation, a soutenu qu'il n'y avait point de délit à repousser *à main armée* des gendarmes qui, sans formalités légales, s'étaient introduits de force, pendant la nuit, dans le domicile d'un citoyen (1). J'ai cité d'autres arrêts dans ma première partie.

En effet, où serait ici la rébellion? A la loi? — Elle vous défend de m'arrêter. Au Roi? — Il ne peut vouloir et ne veut

(1) Voyez RÉPERTOIRE, au mot *Rébellion.*

queee que veut la loi. Aux magistrats? — S'ils étaient là, vous n oseriez pas m'arrêter. Aux officiers de paix ? — Vous n'êtes pas fonctionnaires publics, vous n'êtes pas agens de la force publique, vous n'êtes que de la police; suivez-moi par derrière si vous voulez, et faites vos rapports.

La preuve qu'il n'y a pas de rébellion à l'égard de ces agens, c'est que non-seulement on n'a pas vu un seul citoyen puni pour leur avoir résisté dans le cas où ils n'ont pas droit d'agir; mais au contraire une foule d'arrêts ont sévi contre ces sortes d'agens comme s'étant rendus coupables de détention arbitraire, en usant de leurs prétendus pouvoirs.

Autrement, ce serait pis que sous le régime des lettres de cachet. Car au moins il fallait une lettre signée du ministre. Souvent elle était provoquée par un commis; mais enfin, il fallait une lettre. Et notre histoire atteste qu'on y résistait, quand on pouvait, sans être coupable de rébellion, parce que ces lettres étaient hors la légalité; jamais les parlemens ne leur ont accordé l'appui de leur autorité.

Mais plus pres de nous, ne voyons-nous pas dans les lois d'exception portées, je ne dis pas contre la liberté de la presse; elles sont nombreuses; mais contre la liberté individuelle; par exemple, dans la loi du 29 octobre 1815, que les mandats à décerner contre les suspects, ne pouvaient être décernés que par les fonctionnaires à qui les lois confient ce pouvoir. » (L'avocat lit les circulaires publiées à cette époque par les ministres de la police et de la justice, qui s'accordent à préciser ceux qui peuvent décerner ces mandats, et qui certes n'y comprennent pas la police, autrement la loi eût été superflue.) Rien de plus rassurant que ces circulaires, dit l'avocat; en vérité, il est des circonstances où les ministres ont la langue dorée. (On rit.)

Concluons donc qu'Isambert, dans le cas qu'il a spécifié, a eu raison de dire que la résistance, même active, était permise comme seul moyen de se préserver de l'outrage dont on était menacé. Le conseil qu'il a donné est le même que deux empereurs romains, sultans du Bas-Empire, donnent dans la loi première au Code : *Quando liceat unicuique sine judice se vindicare.* (*Des cas où il est permis de se revancher sans permission du juge*).

Il s'agit de violences commises par des soldats, et les deux empereurs disent : « Nous permettons à chacun de résister librement, car il vaut mieux prévenir le mal que de le réprimer : » *Liberam resistendi cunctis tribuimus facultatem.... Melius est* » *enim occurrere in tempore, quam post exitum vindicare.* »

Messieurs, j'ai prouvé qu'Isambert ne s'est pas trompé; il maintient toute sa doctrine, non par entêtement, mais par conviction; je ne l'excuse point, je le défends.

Mais je supposerai, moi, que je me suis trompé, dans ce dédale de lois qui a effrayé les avocats de Bordeaux; je serais alors criminel à la manière d'Isambert, et certes, je suis de bonne foi, car j'ai bien examiné.

Eh! quel serait donc le crime d'un jurisconsulte, en pareil cas! La restauration n'a accepté la succession des autres gouvernemens, que sous bénéfice d'inventaire; mais cet inventaire est encore à dresser. L'art. 68 de la Charte dit que le Code civil, et les lois actuellement existantes, sont maintenus; non pas toutes, mais seulement autant qu'elles ne sont point contraires à la Charte. De là, ces questions si variées et si fréquentes, ces combats si multipliés entre les avocats ou les citoyens, qui ne veulent conserver des précédens gouvernemens, que les lois vraiment dignes d'une monarchie constitutionnelle; et les hommes du pouvoir pour qui tout est bon, pourvu qu'ils y trouvent de quoi favoriser leur goût pour le despotisme. Semblable à un vaste champ de carnage, où l'un est mutilé, l'autre ne conserve que le tronc, beaucoup sont morts, quelques-uns donnent encore signe de vie, voilà le champ de la législation, où chaque jour nous sommes appelés à lutter; voilà le champ dans lequel on va chercher sans cesse et ressusciter pour le besoin du moment, des lois, qui devraient être à jamais ensevelies dans le même tombeau que les gouvernemens qui les ont vues naître, avec toutes les calamités qu'ils ont fait peser sur la France. (Mouvement dans l'auditoire.)

J'en citerai deux exemples frappans.

Le premier est le réglement de 1723 sur la librairie, que le ministère a essayé de remettre en vigueur pour fermer autant qu'il pourrait de boutiques de libraires, ce que de premiers arrêts ont consacré.

Selon l'accusation, le jurisconsulte, qui le premier a soutenu l'abrogation de ce réglement, aurait provoqué à la désobéissance aux lois. Cependant il avait raison ; car des arrêts plus récens sont venus proclamer cette abrogation de ce réglement avec une évidence telle qu'on s'étonne. à présent que la question ait pu faire doute un instant.

Le second exemple est pris de la loi impériale de 1807 sur l'interprétation des lois. Quelques auteurs, je suis du nombre, ont pensé que cette loi avait disparu devant la Charte, qui dit que le pouvoir s'exerce collectivement par le Roi et les Chambres. Cependant le garde des sceaux a fait rendre, le 27 novembre 1823, par le conseil-d'état, nommé et présidé par lui, un avis qui déclare cette loi parfaitement compatible avec le régime constitutionnel, et qui attribue au gouvernement, sinon le pouvoir d'interpréter législativement, au moins celui d'interpréter judiciairement, ce qui serait un égal abus, si même il n'était pire. Je le répète, des hommes consciencieux ont professé l'opinion que cet avis était illégal, et il y a deux jours que la Chambre des Pairs s'en est expliquée dans le même sens, après un brillant rapport de M. le duc de Broglie.

On ne veut pas qu'un jurisconsulte puisse se tromper ; mais chaque jour n'entend on pas MM. les avocats à la Cour de cassation, plaider que telle Cour royale a fait une fausse interprétation de telle loi ? Il y a plus, on casse quelquefois vos arrêts pour violation de la loi, ce qui est bien plus grave ; mais on ne casse pas les magistrats, on les excuse, parce qu'ils n'ont pas voulu en effet violer la loi, mais seulement qu'ils se sont mépris sur son application. C'est le sens de la règle *non videtur judex contrà constitutiones pronunciâsse, si existimavit causam per eas non juvari.*

Il faut de même excuser les auteurs ; *errare humanum est.* Qu'on réfute Isambert s'il s'est trompé, mais qu'on ne le *casse* point pour *fausse interprétation.* — Et les accusateurs, ne se trompent-ils pas fréquemment, et toujours avec impunité ? — Et les auteurs qui écrivent pour le pouvoir, ne leur arrive-t-il pas d'excéder en sens inverse les termes de la loi ? Que dire de ceux qui, sous un gouvernement constitutionnel, prêchent le pouvoir absolu, c'est à-dire la plus grande absurdité comme la plus grande injustice? Certes, rien n'est plus contraire à la raison humaine, qui veut que tout soit réglé. Cet ordre si parfait qui règne dans la nature, n'atteste-t-il pas que Dieu lui-même reste fidèle aux lois de la création, à la charte qu'il a donnée à l'univers? Cependant on ne poursuit pas ces auteurs, parce qu'ils flattent la passion dominante des hommes qui exercent le pouvoir.

Soyez donc également indulgens pour d'autres erreurs de logique et de doctrine, assurément fort distinctes de la provocation directe à un fait de rébellion.

Sans une certaine liberté, il est impossible d'écrire sur la législation criminelle ; puisque tout se réduit en cette matière à discuter ce qui est permis ou défendu.

Mais, dira-t-on, il sera donc loisible de tout contester? Non, Messieurs, non, il est des vérités et des maximes évidentes par elles-mêmes et qu'on ne conteste pas sans danger ; mais il est des questions vastes et compliquées, où il est permis d'errer, même avec beaucoup de capacité.

Ce qui distingue en pareil cas la bonne foi de la malveillance, c'est si l'opinion émise est partagée par plusieurs. L'erreur commune, dit-on, fait droit. Cela même est peut-être une erreur, car la vérité seule peut faire le droit : mais cela exprime du moins qu'une erreur devenue générale excuse tous ceux qui l'ont partagée (1).

Ici ma ferme conviction est que l'opinion vraie est celle que j'ai soutenue ; mais je dis que fût-elle erronée, il y aurait une souveraine injustice à la transformer en délit.

En effet, cette opinion n'est point personnelle à Isambert. Notre droit criminel moderne a été expliqué par trois auteurs, à la supériorité desquels tous nos contemporains rendent hommage : MM. Carnot, Bourguignon et Legraverend. Eh bien ! tous trois sont unanimes ; ils sont pour Isambert comme auteurs ou comme consultans.

Trente-cinq consultations, signées par trois cent soixante jurisconsultes, ne sont pas une loi pour vous : la Cour, délibérant

(1) C'est la pensée de Sénèque : *Recti apud nos locum tenet error, ubi publicus factus est.* (Epist. 123)

en plus grand nombre qu'aucun des barreaux dont elles sont l'ouvrage, peut rencontrer mieux; mais enfin voilà trois cent soixante suffrages pour Isambert.

Eh! qu'on ne dise pas que dans chaque ville on a fait un appel à des hommes de parti : les consultations sont émanées d'hommes de toutes les opinions; presque toutes sont signées par les bâtonniers, par les doyens, par des vieillards dont la signature tremblottante atteste qu'ils ont fait un dernier effort pour venir au secours du droit et de la liberté, et qu'ils ont voulu prêter à la cause de Me Isambert l'appui de leurs cheveux blancs et de leur vieille expérience. (Profonde impression.) A Paris, vous voyez Mauguin, Berville, Barthe; et à côté d'eux Hennequin, Thévenin, Archambault; vous voyez Tripier et Couture; vous voyez le vénérable Delacroix-Frainville..... et Billecocq.

Les avocats de France, en cette occasion, ont donné un grand exemple, un exemple qu'on voudrait voir se propager dans tous les Corps, dans toutes les Assemblées; ils ont mis de côté l'esprit de parti pour ne voir que ce qui est bon, vrai et juste; ils ont été avocats et Français! (Marques d'adhésion.)

Il y a même une réflexion à faire, et plusieurs consultations l'ont faite avant nous : c'est qu'elles n'ont pas été écrites comme l'article d'Isambert, rapidement, *ex abrupto*, et avec l'incorrection inséparable d'une rédaction brusque et toute de premier mouvement; elles ont été délibérées, mûries, arrêtées après que l'éveil avait été donné, que le jugement avait été rendu; et c'est en pleine connaissance de cause qu'elles ont répété ce que j'ai dit moi-même avec un profond sentiment de conviction : Non seulement innocence, mais honneur à Me Isambert!...

Quelle variété de doctrine répandue dans toutes ces discussions, chacun alléguant, pour exemples, les arrêts de sa cour; à Marseille, les vieux statuts de Forcalquier qui ne permettaient pas d'emprisonner un citoyen sans une information préalable faite selon Dieu et la vraie justice : *secundùm Deum et veram justitiam.*

Un avocat d'Annecy en Savoie, qui m'envoie une citation d'Antoine Faber, président du Sénat de Chambéry, sur la résistance à des actes illégaux, et qui accompagne cette indication d'une sorte de raillerie sur ce que lui, habitant d'un pays gouverné par le bon plaisir, il fournit ce secours à un gouvernement réputé constitutionnel !

Daviel, de Rouen, citant une vieille charte de Henri II, duc de Normandie en 1155, qui ne veut pas non plus que personne puisse être emprisonné autrement que dans les cas voulus par la loi : *nullus liber homo capiatur vel imprisionetur*, etc. (On rit); mauvais latin, messieurs, mais bonne pensée. (On rit de nouveau.)

Eh bien ! notre Charte dit aussi que la liberté des Français est garantie : la question n'est donc plus que de savoir si nous serons aussi libres que les bourgeois de Chambéry ou de Forcalquier, et si notre Charte n'ira pas rejoindre celle des Normands.

Magistrats, vous voudrez certainement faire triompher les vrais principes, des principes dignes d'une monarchie chrétienne, où le pouvoir est réglé par les lois, et la puissance publique exercée par justice et non à discrétion.

Vous êtes les protecteurs les plus efficaces de la vie, de l'honneur et de la propriété des citoyens, de tous leurs droits, en tête desquels est la liberté de leurs personnes.

Ils sont vos justiciables ; vous ne les rangerez pas dans la clientelle de la police; vous ne les abandonnerez pas à la merci de ses agens.

Une grande occasion vous est offerte par la police elle-même de conserver sur elle l'ascendant qui vous appartient. En vérité, Messieurs, au-dessus de l'honneur de défendre une si belle cause, je n'en vois qu'un seul ; il vous est réservé ; c'est celui de la bien juger.... à la manière de vos aïeux !

Pendant les trois heures qu'a duré cette admirable plaidoirie, digne de la cause et de l'avocat, elle a été constamment entendue avec un intérêt sans cesse croissant et de fréquentes marques de sensation, que le respect a toujours maintenues dans de justes bornes. Me Dupin a prononcé à peine les derniers mots qu'une foule d'avocats se précipitent au devant de lui, et lui adressent les félicitations les plus vives et les plus sincères. Isambert l'embrasse affectueusement.

La cause est remise à huitaine.

www.ingramcontent.com/pod-product-compliance
Ingram Content Group UK Ltd.
Pitfield, Milton Keynes, MK11 3LW, UK
UKHW021021180726
13838UKWH00004B/1602